Romaine Braun-Baustert

Kinder mit **Rechenschwierigkeiten** verstehen und ganzheitlich fördern

Mathe
Klasse 1 bis 4

Cornelsen

Die Autorin

Romaine Braun-Baustert ist seit 14 Jahren ausgebildete Lehrerin. Vor einigen Jahren hat sie ihr Masterstudium zur integrativen Lerntherapeutin abgeschlossen und arbeitet seitdem in Fördergruppen an luxemburgischen Schulen mit Kindern mit Rechenschwäche/Rechenschwierigkeiten, LRS oder allgemeinen Lernproblemen. Zudem gibt sie als Dozentin Kurse in der Lehrerfortbildung und in der Universität in Luxemburg.

Hinweis: Vergrößern Sie die Kopiervorlagen mit 141 %, um eine DIN-A4-Seite zu erhalten.

Projektleitung: Maren Krüger, Berlin
Redaktion: Marion Clausen, Berlin
Umschlaggestaltung und Muster (Umschlag und Innenteil): Corinna Babylon, Berlin
Illustrationen im Innenteil: Kristina Klotz, München
Layout/technische Umsetzung: krauß-verlagsservice, Ederheim/Hürnheim

www.cornelsen.de

1. Auflage 2020

Druck: H. Heenemann, Berlin

ISBN 978-3-589-16726-5

PEFC
PEFC/04-31-1156

PEFC zertifiziert
Dieses Produkt stammt aus nachhaltig bewirtschafteten Wäldern und kontrollierten Quellen.

www.pefc.de

INHALTSVERZEICHNIS

Vorwort

Spätestens in der Kita oder Vorschule lernen Kinder, Mengen abzuzählen, Gleiches zu sortieren, Häuser zu bauen usw. Vielen Kindern macht dies Freude und sie erfüllen die gestellten Aufgaben mit Leichtigkeit. Doch einige Kinder stehen vor unlösbaren Rätseln.

A. (7 Jahre) soll einen Rhythmus von zwei Bausteinen fortführen. Die Lehrerin legt einige Steine aus: zwei rote, zwei gelbe, zwei rote … was kommt nun? A. legt, ohne zu überlegen, drei gelbe, als nächstes vier rote, dann wechselt er jeweils einen roten Stein mit einem gelben Stein ab.

T. (6 Jahre) soll auf einem Arbeitsblatt Bonbons (Mengen 1, 2, 3, 4) mit der jeweils gleichen Menge an Bällen verbinden. Die Gegenstände werden jeweils in zwei gegenüberliegenden Kolonnen dargestellt. T. beginnt, drei Bonbons abzuzählen (einzeln, mit dem Finger). Dann schaut sie auf die andere Kolonne und beginnt, vier Bälle abzuzählen (einzeln). Auf die Frage, ob die Mengen, die sie jetzt abgezählt hat, gleich sind, muss sie die erste Menge nochmals zählen. T. muss immer wieder von Neuem abzählen. Nach einigen Versuchen und wachsender Verzweiflung der Schülerin bricht die Lehrerin die Übung ab.

Viele Kinder bewältigen die Aufgaben leicht und ohne große Anstrengung. Doch einige Kinder wie A. und T. erleben bereits in der Vorschule kleine Misserfolge. Ihnen ist auch in diesem Alter durchaus bewusst, dass sie etwas nicht können. Ihnen kommen die oben genannten Aufgaben unlösbar vor.

F. (8 Jahre) geht seit einigen Jahren in die Förderung. Heute soll er die Umtauschaufgaben als solche erkennen (nur bei Addition, später soll ihm an dieser Stelle auch die Multiplikation erklärt werden). Klassische Übungen sind unzureichend. F. kann nicht erkennen, dass 3 + 2 zum gleichen Ergebnis führt wie 2 + 3, erst als die Lehrerin eine 2 auf die eine Hand schreibt und eine 3 auf die andere Hand und die Hände mal überkreuz gelegt werden, erkennt er, dass beides die gleiche Summe ergibt. Ein Erfolgserlebnis für ihn und seine Lehrerin. (Es wird ihm jedoch schwerfallen zu begreifen, dass Umtauschaufgaben bei Minusrechnungen nicht möglich sind, aber dies wird er zu einem späteren Zeitpunkt erarbeiten.)

Viele Grundschüler*innen erleben die Schule als Ort des Misserfolgs; das Fach Mathematik löst häufig Ängste aus. Die Situation kann für das Kind und seine Familie sehr belastend werden, vor allem wenn Kinder in der Schule und/oder innerhalb der eigenen Familie auf Unverständnis stoßen. Eltern, die die Welt der Zahlen beherrschen, können sich nicht vorstellen, warum gerade ihren Kindern diese Welt verschlossen bleibt.

Eine Förderung sollte möglichst sofort, nachdem Schwierigkeiten bemerkt wurden, einsetzen. Ohne Förderung häufen sich sonst mit den Jahren die Probleme. Dieses Praxisbuch will Ihnen als Lehrkraft helfen, Schüler*innen mit Rechenschwierigkeiten oder einer Rechenschwäche besser zu verstehen – denn jedes Kind ist anders – und für diese Kinder konkretes, passendes Fördermaterial zu finden. Es soll Ideen und Möglichkeiten aufzeigen – ohne Anspruch auf Vollständigkeit – und eine Quelle der Inspiration für neue Ideen sein.

Dieses Buch können und sollen Sie nicht von der ersten Seite bis zum Schluss mit jedem Kind bearbeiten. Vielmehr werden verschiedene Problemursachen und Fördermöglichkeiten vorgestellt. Durch die Problembeschreibungen können Sie erkennen, welche Bereiche bei dem jeweiligen Kind im Argen liegen. Nur diese Bereiche sollen auch gefördert werden.

Es gibt auch Schüler*innen, die keine Rechenschwächen vorweisen, sondern lediglich einzelne Bereiche nicht verstanden haben. Die Hilfsmaßnahmen und Förderideen aus diesem Praxisbuch können auch diesen Kindern weiterhelfen.

Die Neurowissenschaft weist drei verschiedene neurologische Bereiche im Gehirn auf, die sich mit mathematischen Inhalten befassen. Die Förderung sollte auf die Problembereiche ausgerichtet werden. Funktionierende Bereiche dienen als Stütze und zur Kompensation.

Die Wurzeln der Probleme liegen oftmals bereits im Erreichen der Vorläuferfertigkeiten wie Sprache, Wahrnehmung, Motorik, räumliches Denken, Gedächtnis sowie in der basis-numerischen Entwicklung (Zahlenreihe, Mengen, Symbole, Teil/Ganzes sowie die Zerlegbarkeit …). Darum ist es besonders wichtig, strukturiert vorzugehen, und deshalb bauen alle Kapitel aufeinander auf.

Kinder, die bereits in der Vorschule oder in der ersten Klasse eine Förderung erhalten, haben gute Chancen, ihre Defizite aufzuholen. Während 89 Prozent der Erstklässler, die das sogenannte „doppelte Diskrepanzkriterium" von 1.5 SD erfüllten (also in zwei Kriterien deutlich vom Standard abwichen), nach zweieinhalb Jahren durchschnittliche Rechenleistungen aufwiesen, zeigte die Diagnose ab der zweiten Klasse eine besonders hohe Stabilität. Hier erbrachten nur 10 Prozent der Kinder zum Folgezeitpunkt durchschnittliche und die übrigen 90 Prozent unterdurchschnittliche Rechenleistungen (vgl. dazu Schulz, Wyschkon, Glallit, Poltz u. a. 2018). Diese Zahlen sprechen eine deutliche Sprache.

In diesem Praxisbuch werden die Stolpersteine nicht den Klassen zugeordnet, sondern den Problembereichen. Es kann durchaus vorkommen, mit einem Schüler der vierten Klasse an den Zahlensymbolen (Stoff der ersten Klasse) zu arbeiten, wenn dieser Bereich noch nicht gefestigt ist. Der Schüler braucht die Förderung an der Wurzel der Probleme. Wenn er bis dato keine spezifische Förderung erhalten hat, kann es unter Umständen durchaus bis in den Vorschulbereich oder den der ersten Klasse zurückreichen. Dabei gilt: Das Fundament muss stimmen, bevor schwierigere Lerninhalte vermittelt werden.

Durch das Erleben, Er-fühlen und Hantieren wird das Verstehen vorbereitet und dann durch viel Üben, Wiederholen und Anwenden immer besser gefestigt. Wenn die Inhalte im Gedächtnis automatisiert sind, werden Kapazitäten für neue Lerninhalte frei (vgl. dazu auch Born und Oehler 2012, S. 33).

In der Förderung genügt es nicht, sich „nur" mit den mathematischen Bereichen zu befassen. Ein Mensch definiert sich nicht durch ein Können oder Nicht-Können. Besonders viel Wert sollten Sie deshalb auch auf den emotionalen Aspekt legen. Lob, Anerkennung und Aufmerksamkeit brauchen alle Kinder der Klasse, aber in besonderem Maße jene, die sich mehr anstrengen müssen. Das Selbstkonzept, der Selbstwert sollte an jedem einzelnen Schultag gefördert werden. Kleine Gesten (Lächeln, Zunicken …) können dabei Großes bewirken.

Mit diesem Praxisbuch will ich Ihnen neue Wege aufzeigen, Sie inspirieren und Freude am Fördern vermitteln. Dabei wünsche ich Ihnen Kraft und Zuversicht.

Romaine Braun-Baustert

Teil 1
EINFÜHRUNG

1.1 RECHENSCHWIERIGKEITEN FRÜH ERKENNEN – ERSTE ANZEICHEN

In der Vorschule

Kinder zeigen bereits im Vorschulalter erste Anzeichen, die auf mögliche Schwierigkeiten hindeuten können. Doch nicht jedes einzeln auftretende Anzeichen steht für ein Problem. Es kommt eher auf das vermehrte Auftreten von Anzeichen an, wie sie diese Liste beschreibt:

- Die Kinder wissen nicht, wie alt sie sind, oder zeigen bis in die erste Klasse mit den Fingern ihr Alter an.
- Die Kinder können ihre Finger schlecht einzeln bewegen, z. B. jeden Finger einzeln aufzeigen. Sie haben keine Kraft, um Papier zu zerreißen, mit Knete zu bauen oder Bausteine ineinanderzuschieben.
- Sie setzen ungerne Puzzles zusammen oder brauchen dabei besonders viel Zeit und Hilfe.
- Sie vermeiden es, mit Bausteinen zu bauen, ob mit und ohne Bauplan. Meistens denken die Erwachsenen, dass die Kinder einfach nicht gerne bauen. Jedoch vermeiden wir Menschen die Dinge, die uns Schwierigkeiten bereiten.
- Sie meiden es zu malen oder zu zeichnen. Oft können sie sich auf dem Blatt nicht organisieren und zeichnen auf dem Tisch weiter.
- Ihnen fallen Gesellschaftsspiele schwer. Sie erkennen z. B. auch nach häufigem Spielen die Würfelbilder nicht und müssen die Punkte immer wieder einzeln abzählen.
- Beim Tischdecken haben sie Probleme, für jeden einen Teller, eine Gabel usw. auszulegen.
- Wenn die Kinder Objekte abzählen müssen, verzählen sie sich oft oder zählen einige Objekte mehrmals.
- Bereits abgezählte Mengen werden schnell vergessen, die Kinder müssen sie mehrmals nachzählen.
- Sie können kleine Mengen nicht auf einen Blick erkennen.

Wenn Kinder verschiedene Aktivitäten vermeiden, sollten sie von Erwachsenen unterstützt und durch attraktive Aufgabenstellungen motiviert werden, diese doch zu tun. Sie sollten dann besonders gelobt werden.

In der Grundschule

Je nach Alter können unterschiedliche Schwierigkeiten vorliegen, die verschiedene oder mehrere Bereiche betreffen. Hier eine Liste mit den häufigsten Anzeichen für Probleme beim Rechnen:

- Zahlenreihen werden falsch oder gar nicht fortgesetzt.
- Es fällt schwer, Zahlen der Größe (Mächtigkeit) nach zu sortieren.
- Symbole (Ziffern, Operationszeichen) werden falsch benannt oder die Kinder brauchen sehr viel Zeit, um die Zahlen zu benennen.
- Mengen einzuschätzen fällt schwer, weil der Zahlensinn fehlt (z. B. werden 1 000 Euro als Preis für ein Buch genannt).
- Die Kinder erkennen nicht, dass wenn vier Äpfel auf dem Tisch liegen, keine fünf Kinder einen Apfel bekommen können.
- Die Kinder können eine Zahl oder Menge nicht zerlegen und aufteilen.
- Zehnerübergang oder Zehnerunterschreitung fallen besonders schwer.
- Die Kinder verstehen nicht, was es bedeutet, etwas hinzuzufügen oder wegzunehmen, zu verdoppeln, zu halbieren, zu teilen oder zu multiplizieren. Die Schüler*innen können nicht erklären, was addieren, subtrahieren usw. bedeutet (sie schreiben einfach eine Rechnung, ohne Worte dafür zu finden).
- Ergebnisse werden nicht auswendig aus dem Gedächtnis abgerufen, sondern müssen immer wieder neu ausgerechnet werden.
- Sachrechnungen bereiten erhebliche Probleme.

Die Kinder eignen sich verschiedene Strategien an, um ihre Schwächen zu verheimlichen. Sie betrachten z. B. Zahlensymbole im Raum und notieren sie. Manche zählen heimlich unter dem Tisch mit den Fingern. Oder sie rechnen eine Aufgabe wie 5 + 3 als 5 + 1 + 1 + 1, was deutlich länger dauert. Überhaupt fällt auf, dass die Kinder sehr lange Zeit brauchen, um Aufgaben zu lösen. Dies kann ein Hinweis darauf sein, dass die Kinder zählend vorgehen.

1.2 Wo und wie passiert Mathematik?

Wissenschaftler der neurokognitiven Psychologie untersuchen das Gehirn sowie die einzelnen Regionen auf ihre Funktionen hin. Ein Modell sticht besonders hervor und wurde von vielen Forschern übernommen oder ausgeweitet: das Triple-Code-Modell von Dehaene (1992). Es besteht aus unterschiedlichen Modulen: Dazu gehören die visuell-arabische Zahlenform, die verbale (phonologische) Zahlenform und die analoge Repräsentation. In diesem Praxisbuch greife ich auf das Modell von Dehaene zurück, erkläre es aber zum besseren Verständnis in einer verständlicheren Sprache.

Ganz erheblich vereinfacht kann man sagen, dass Mathematik an drei verschiedenen Orten im Gehirn stattfindet. Jeder Ort kann einem Bereich zugeordnet werden und steht für einen teilmathematischen Bereich, nämlich für

- Symbole und mehrstellige Ziffern,
- die verbale Zahlenform
- und die Größenrepräsentation.

Da sich die unterschiedlichen Bereiche in verschiedenen Orten im Gehirn befinden, stehen sie miteinander in Verbindung und tauschen sich ständig aus (vgl. Schneider, Küspert, Krajewski 2013, S. 42). Sie funktionieren auch unabhängig voneinander. Es kann zu Problemen in einem oder mehreren Bereichen kommen.

In der Praxis konnte ich feststellen, dass diese Problembereiche besonders in der Vorschule und in der ersten und zweiten Klasse auffallen. Wenn die Kinder in diesen Bereichen nicht gefördert werden, verbinden sich immer mehr Schwerpunkte, die Schwierigkeiten bereiten; folglich sind sie nicht mehr genau voneinander zu trennen. Die Problematik wird von Jahr zu Jahr komplexer. In den nächsten Abschnitten sollen die einzelnen Bereiche vorgestellt werden. Betrachten wir gemeinsam die einzelnen Bereiche und was uns Lehrer*innen auffallen kann.

Die Symbole und mehrstelligen Zahlen

Symbole

Die Kinder können Ziffern und Operationszeichen (Zahlensymbole, Zeichensymbole) nicht korrekt erkennen, lesen und schreiben. Viele haben besonders in der Vorschule oder in der ersten Klasse Probleme damit. In der Vorschule kann diese kleine Schwäche sehr schnell durch gezielte Übungen behoben werden. Auch in der ersten Klasse ist dies noch möglich, jedoch geht viel Zeit verloren, in der die Klasse schon weiter im Lernstoff ist (vgl. Kapitel 4.5, S. 60). Dieser Bereich betrifft auch das Lesen von Buchstaben und Wörtern.

Wie können Sie Schwierigkeiten in diesem Bereich erkennen?

Dazu zeigen Sie den Kindern in unregelmäßiger Reihenfolge die Zahlen 1 bis 10 oder je nach Alter 1 bis 20 auf. Die Kinder sollen möglichst schnell die jeweilige Zahl benennen.

Braucht ein Kind lange? Einige brauchen bei allem viel Zeit; doch in diesem Fall ist ein Kind gemeint, das sonst meist schnell eine Antwort weiß, jedoch bei Ziffern auffallend lange braucht. Der Grund dafür liegt darin, dass es sich im Kopf die Zahlenreihe aufsagt und so das Zahlwort zum Symbol findet. Es kann das Wort nicht direkt aus dem Gedächtnis abrufen.

Die Schülerin M. wird in der ersten Klasse gemeldet, weil sie erhebliche Probleme in den Fächern Mathematik und Deutsch hat. Nach einigen kleinen Spielen und Übungen kann die Therapeutin schnell feststellen, dass die Probleme hauptsächlich im Bereich der Symbole/Ziffern vorherrschen. M. kann sich die Zahlensymbole nicht merken. Nennt die Therapeutin jedoch die Zahl, kann sie mit der Zahl arbeiten. Auch die Zahlenreihe bereitet ihr verbal keine Mühe. Nur wenn ihr die Zahlen schriftlich vorliegen, kann sie die gestellten Aufgaben nicht beantworten.

In einem langen Prozess übt sie mit der Therapeutin die Zahlensymbole und kann später dem Unterricht besser folgen, braucht jedoch weiterhin Unterstützung. M. hat ebenfalls Probleme, sich die Buchstaben und ihre Form zu merken. So werden auch die Buchstaben ähnlich wie die Ziffern durch Bewegung und Übung gelernt.

Mehrstellige Ziffern

Das Kind muss das Symbol und das korrekte Zahlwort erkennen und außerdem zwei oder mehrere Ziffern in Betracht ziehen. Es muss den Stellenwert kennen und verstehen, die Zahl richtig lesen, verwenden und mit anderen Zahlen und Operationszeichen verarbeiten.

Auffallend oft wird beim Lesen der Zehner mit dem Einer verwechselt. Statt 19 wird 91 gelesen. Die Rechnungen, die auf dieses Verlesen folgen, können somit nur falsch sein. Hinweise zur Förderung im Bereich des Stellenwerts finden Sie im Kapitel 5.6 und im Kapitel 7.2.

Förderung: Symbole

Förderung geht mehrschrittig vonstatten: zuerst mit dem ganzen Körper, dann feinmotorisch übers Hantieren, schließlich kann das Einprägen geübt werden. Die Ziffern sollen nacheinander (eine Ziffer pro Tag, vielleicht mehrfach wiederholt) mit unterschiedlichem Material dargestellt und manipuliert werden.

Zahlensymbole mit dem ganzen Körper erfahren
Die Zahlensymbole werden mit Kreide oder Klebestreifen auf den Boden geklebt. Dann können die Kinder über die Ziffer laufen, rutschen, krabbeln, sie mit einem Rollbrett nachfahren oder z. B. mit Kapla®-Stücken belegen. Jedes Mal, wenn über die Ziffer (Richtung und Reihenfolge genauso wie beim Schreiben der Ziffer) gelaufen wird, soll gleichzeitig das Zahlwort benannt werden.
Anschließend kann auf grobmotorische Hand-/Armbewegungen übergegangen werden:

- Mit einem unbenutzten Malerpinsel können die Kinder über geklebte (oder gezeichnete) Ziffern fahren.
- Unterschiedlich dicke Bälle sowie Bälle mit Noppen können über die Ziffer gerollt werden.
- Mit Spielautos werden die Ziffern nachgefahren.

Bei sämtlichen Übungen wird der korrekte Schreibablauf eingehalten und während jeder Bewegung sollte das Zahlwort verbal wiederholt werden. So können die Kinder sich die Symbole gleich über mehrere Sinne einprägen.

Feinmotorisch
Das Kind formt das Zahlensymbol mit Knete, Aluminiumfolie, Fimo® oder Biegedraht. Nun kann es das Symbol mit Linsen oder Glassteinen nachlegen oder auspicken (auch hierbei sollte das Zahlwort wiederholt werden, damit sich Gestik, visuelle Form und Zahlwort miteinander verknüpfen). Kleine Eselsbrücken helfen den Schüler*innen, die Symbole mit Bildern zu verknüpfen (z. B. zur Unterscheidung von 6 und 9: Die 6 hat einen Bauch. Zuerst muss man essen, dann kann man nachdenken: Die 9 hat einen Kopf).
Indem sich das Kind bewegt, fühlt, spricht und hört, also möglichst viele Sinne gemeinsam betätigt werden, kann es sich das Symbol besser einprägen.

Gedächtnis
Zu jeder Zahl gibt es zwei Karten: einmal mit dem Zahlwort, einmal mit dem Symbol. Die Karten werden verdeckt ausgelegt. Ziel des Spiels: jeweils die passenden Kartenpaare durch Aufdecken finden.

Die gleichen Lerninhalte können auch in Form eines Lotto-Spiels oder als Domino geübt werden. Beim Lotto erhält jedes Kind eine Spielplatte von 8 bis 10 Kästchen, in denen verschiedene Ziffern notiert wurden. In die Mitte des Spielkreises werden unterschiedliche Karten mit geordneten und ungeordneten Mengen gelegt.
Beim Domino besteht eine Dominohälfte aus einer Ziffer, die andere Hälfte aus einer Menge (geordnet oder durcheinander). An jede Hälfte soll jeweils eine Karte angelegt werden (nach dem Prinzip Ziffer/Menge – Ziffer/Menge …)
Ziffernkarten der Ziffern, die bereits erarbeitet wurden, werden den Schüler*innen durcheinander gezeigt. Diese sollen die Ziffer möglichst schnell lesen und benennen. Dieses Spiel sollte regelmäßig wiederholt und immer schneller gespielt werden. Spielen mehrere Kinder mit, erhält jeweils der Schnellste die Ziffernkarte. Wer hat am Ende die meisten Karten?

Die verbale Zahlenform (nach Dehaene)

Im Modell Dehaene sind verschiedene Aktivitäten diesem Lernbereich zuzuordnen: etwas (ab- oder auf-)zählen, die Zahlwörter kennen und in Wort und Schrift anwenden, Einmaleins-Aufgaben rechnen und auswendig rationale Operationen durchführen (vgl. dazu Schneider, Küspert, Krajewski 2013, S. 43).

Diese Hirnregion ist auch für Sprachfunktionen wichtig (vgl. Landerl, Kaufmann 2013, S. 46).

K. (Vorschule) kann jede Ziffer von 1 bis 10 korrekt und sehr schnell benennen. Auch die Zahlenreihe kann er auswendig aufsagen. K. kann jedoch keine korrekte Anzahl von Glassteinen auslegen oder eine bestimmte Anzahl umkreisen. Er kann auch keine Menge einem Zahlensymbol zuordnen. Sein Problem bleibt für die Eltern sehr lange unerkannt. Dieses Beispiel zeigt, wie nur ein Teil einer Gehirnregion betroffen sein kann.

In der Förderung von K. wird immer wieder mit Mengen manipuliert, abgezählt und anderes Material benutzt. Es wird mit ihm das Fingerzählen und das Teil-Ganzes erarbeitet. So kann er nach und nach eine Menge auf die Symbole setzen, die er bereits gut kennt.

Förderung: Mengenverständnis (Beispiel Menge 4)

Die Kinder legen Teller oder Turnreifen aus und befüllen sie mit jeweils vier unterschiedlichen Materialien: je vier Nüsse, vier Glassteine, vier Kapla®-Stücke, vier Bausteine, vier Tannenzapfen …
Die Kinder sollen jeweils vier Finger zeigen. Achtung: Bei jedem Durchgang sollen es vier andere Finger sein, wobei beide Hände benutzt werden! Vier Mal springen, klatschen, patschen die Kinder, machen Hampelmann oder strecken die Zunge raus …
Die Kinder sollen ungeordnet vorgegebene Linsen in Sortierkästchen (aus dem Werkzeughandel) legen: jeweils vier Linsen pro Kästchen. Später soll alles auch auf ein Blatt gezeichnet werden. Zu beachten gilt: Die gemalten Linsen sollen nicht immer gleich angeordnet sein.
Legespiel: Sie benennen eine Zahl, die das Kind mit Glassteinen auslegt. Das Spiel sollte auch umgekehrt gespielt werden: Sie legen eine Menge aus, die vom Kind benannt werden soll.
Die Kinder suchen zu Zahlwörterkarten die passenden Mengenkarten oder verbinden sie auf einem Arbeitsblatt. Kombinieren Sie auch Symbole (Ziffern) und Mengen miteinander, je nach Problembereich der Schüler*in kann auch abwechselnd gespielt werden.

Förderung: Additionen oder Multiplikationen auswendig lernen

Das Memorieren von Rechnungen sollte immer erst nach dem Hantieren und dem Verständnis der arithmetischen Operationen erfolgen.

Rechenaufgaben mit Karten lösen: Die Kinder oder Sie stellen die Karten selbst her. Auf einer Karte steht die Rechenaufgabe, auf der anderen die Lösung. Dabei können jene Rechnungen ausgewählt werden, die den Kindern besonders viele Schwierigkeiten bereiten. Dabei gilt ebenfalls die Devise: immer mit der Wurzel des Problems beginnen. Sind es noch Rechnungen im Zehner-Raum, die nicht automatisch abgerufen werden können, sollte dieser Bereich geübt werden.
Mit Wäscheklammern rechnen: Eine nette Abwechslung bringt das Rechnen mit Wäscheklammern. Dazu werden auf die Seiten von Holzwäscheklammern Rechenaufgaben geschrieben. Die Schüler*innen müssen die Aufgaben ausrechnen und die Klammer jeweils in die Schachtel sortieren, deren Ergebniszahl passt.

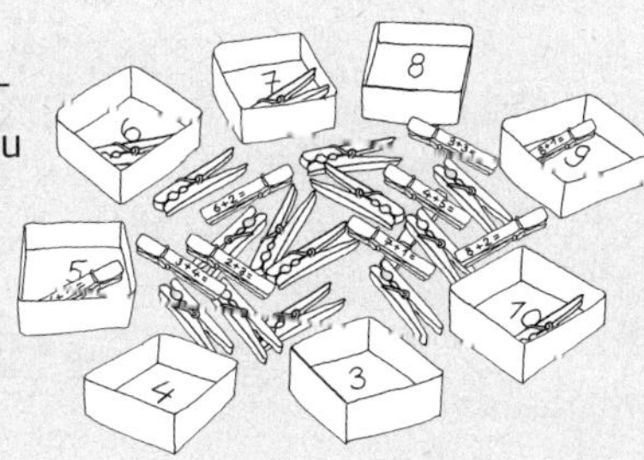

Die Größenrepräsentation (nach Dehaene)

Auch für diesen Bereich konnte Dehaene bestimmte Kompetenzen zuordnen:

- Einschätzen von Mengen, ohne die einzelnen Elemente abzuzählen (Blitzblick, Subitizing),
- das Verständnis und die Unterscheidung der Mächtigkeit einer Zahl im Vergleich zu einer anderen Zahl,
- das Überschlagsrechnen.

Kinder können sehr oft die Zahlwortreihe auswendig aufzählen, ohne zu erkennen, dass die einzelnen Zahlwörter für eine bestimmte Menge stehen. Erst wenn dies erreicht ist, kann wirklich davon ausgegangen werden, dass die Zahlenreihe verstanden wurde. Born und Oehler (2005, S. 38/39) geben Dehaenes Vorstellung so wieder: „Dehaene geht von einem inneren Zahlenstrahl aus, an dem jede Zahl örtlich oder räumlich repräsentiert ist, also die geistige Repräsentation der Zahlenordnung […] Die innere Zahlenvorstellung beinhaltet die grundlegende Fertigkeit des Verständnisses von Mengen und Zahlen."
Die Zehnerüber- bzw. -unterschreitung kann auch mit dem inneren Zahlenstrahl verstanden werden. (Übungen zum Zahlenstrahl finden Sie auf Seite 19.)

A. (zweite Klasse) fällt nicht auf, dass Nachbaraufgaben um eine Einheit erhöht oder verkleinert sind. So erkennt sie oft nicht, dass 5 einen Glasstein mehr hat als die 4 und die 4 einen Glasstein weniger als die 5. Auch die Umkehraufgaben kann sie nicht als solche erkennen. A. ist in der Förderung, sie muss genauso lange für die Aufgabe 5 + 4 überlegen, wie sie für die Aufgabe 5 + 1 braucht. Sie erkennt nicht, dass + 1 oder – 1 die Zahl in der Zahlenreihe um eine Stelle weiter oder um eine Stelle zurück rückt.

Förderung: Zahlenreihe

Die Mächtigkeit einer Zahl kann anhand von großen Bausteinen, der Zahlentreppe aus dem Nikitin®-Fördermaterial, mit Steckbausteinen und Kapla®-Stücken offensichtlich gemacht werden.

Benutzen Sie so viel Material wie möglich. Die Kinder sollen dabei immer mit der 1 beginnen, dann zwei Steine, drei Steine bis zehn Steine legen oder malen. Somit entsteht eine Treppe. Fragen Sie dabei: Was unterscheidet die 3 von der 4, die 5 von der 6? Damit können Sie den Kindern bewusst machen, dass sich die Zahlen jeweils um ein „Stück" erhöhen.

Förderung: Zehnerüber-/unterschreitung am Zahlenstrahl

Plättchen, z. B. Kapla®-Hölzer, werden beschriftet (Einer schwarz, Zehner rot) und neben einem Seil (Zahlenstrahl) ausgelegt. Dadurch, dass die Schüler*innen die Plättchen selbst auslegen, können sie nochmals die Zahlenreihe festigen. Sie können auch eine Zahl nennen, die die Kinder suchen müssen. Auch Zahlennachbarn können bestimmt werden.

Einzelne Plättchen können auch umgedreht werden, so dass die Zahl nicht sichtbar ist. Die Kinder können dann die Zahlen gedanklich weiterführen. Auch hier können Sie eine Zahl nennen, die die Kinder suchen müssen, auch wenn diese verdeckt ist.

Eine andere Möglichkeit besteht darin, Stücke zu entfernen. Es wird z. B. nur jeder fünfte Stein abgelegt, so dass sich die Zahlenreihe gedanklich festigen kann (innerer Zahlenstrahl). Der Zwischenraum bleibt gleich, so als ob die Stücke dort liegen würden. Die Kinder können die Steine von einer bestimmten Zahl aus aufwärts oder rückwärts ablaufen.

Zehnerüberschreitungen und -unterschreitungen können auf folgende Art sichtbar gemacht werden: Nehmen wir als Beispiel die Aufgabe 8 + 4. Ein schwarzer Stein wird am Zahlenstrahl zur 8 gelegt. Die Kinder gehen oder hüpfen die zwei Schritte bis zur 10. Was fehlt jetzt noch? Die Kinder hüpfen oder gehen die restlichen Schritte bis zur 12 weiter. Zusätzlich können Sie die Zerlegung mit Steinen zeigen, damit die Kinder visuell alle Teilschritte nachprüfen können. Da viele Kinder auch Probleme im Bereich des Arbeitsgedächtnisses haben, ist es wichtig, am Anfang die Teilschritte visuell (jeweils zwei Steine) neben den Zahlenstrahl abzulegen, um die Schritte nochmals vor Augen zu haben. Zum Schluss legen die Kinder einen roten Spielstein zur 12.

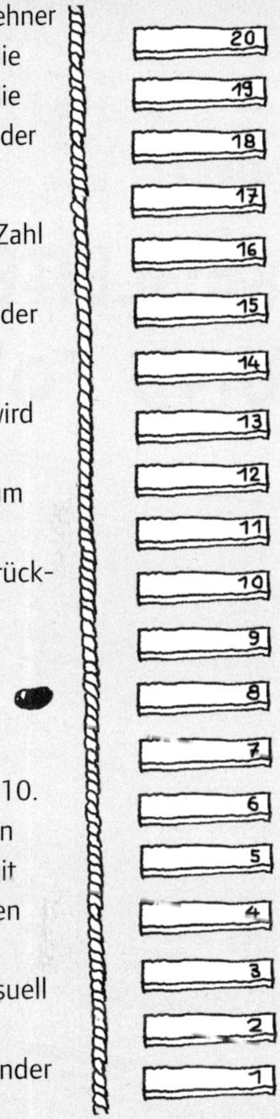

Teil 2

BEGLEITERSCHEINUNGEN UND FOLGEN

2.1 FOLGEN VON PROBLEMEN IN MATHEMATIK

Rechenschwierigkeiten können weitreichende Folgen für die betroffenen Kinder und ihre Familien haben. Es beginnt mit den schlechten Noten in Mathematik. Das Fach steht plötzlich stark im Fokus, auch bei Hausaufgaben. Der Druck auf das Kind wächst. Es verliert die Lust am Lernen oder möchte am liebsten nicht mehr zur Schule gehen. Eine schlechte Motivation verbessert die Noten nicht, sondern im Gegenteil kann ein Teufelskreis beginnen: Die Noten verschlechtern sich weiter. Die Stoffmenge, die das Kind nicht gut beherrscht, wird immer größer, und das Kind kann sich in der Haltung bestätigt fühlen, dass es in Mathematik eben nicht genug versteht.

Manche Kinder entwickeln eine Versagensangst; auch körperliche Beschwerden wie Bauchschmerzen oder Kopfschmerzen oder Schlaflosigkeit können auftreten.

Auch die Eltern-Kind-Beziehung leidet, vor allem, wenn die Eltern die eigentliche Ursache der Rechenschwierigkeiten nicht erkennen und somit ihrem Kind bei seinen Problemen nicht helfen können. Womöglich führen sie alles auf zu wenig Einsatz und Üben zurück und erhöhen den häuslichen Druck auch mit dem Hinweis, dass mathematische Fähigkeiten später in der weiterführenden Schule bzw. in Ausbildung und Beruf wichtig sind.

Es lohnt also in jedem Fall, beizeiten Rechenschwierigkeiten zu diagnostizieren und zu beseitigen!

2.2 AUSWIRKUNGEN AUF ANDERE SCHULFÄCHER

Probleme mit der räumlichen Lage

Die räumliche Lage spielt nicht nur im Fach Mathematik eine Rolle, sondern auch beim Lesen und Schreiben. In unserer Schreibkultur schreiben und lesen wir von links nach rechts. Diese Richtung muss unbedingt eingehalten werden. Einige Buchstaben (wie auch Ziffern) unterscheiden sich durch die räumliche Lage der Striche oder Halbkreise voneinander: pq bd gq. Diese Buchstaben werden oft verwechselt, ebenso wie das geschriebene E mit der 3.

Schüler*innen, die die erwähnten Symbole verwechseln, sollten Spiele und Übungen zum gezielten Training der Raumlage machen. Entsprechende Lernspiele finden Sie im Handel bzw. im Internet. Diese Spiele können die Kinder gut zu Hause mit ihren Eltern und/oder

Geschwistern spielen. In Schulpausen bieten sich OXO®, Schiffe versenken oder auch Mühle an.

Probleme mit dem Gedächtnis

Manche Schüler*innen haben Probleme mit dem schnellen Abruf aus dem Langzeitgedächtnis und dem Arbeitsgedächtnis. Das führt dazu, dass sie in den Fächern Deutsch und Mathematik gehandicapt sind. Der Ablauf und die Funktionen des Gedächtnisses werden im Kapitel 3.4 zu den Vorläuferfertigkeiten erläutert.

Mangelndes Selbstvertrauen

Misserfolg zu ertragen, fällt gerade jüngeren Kindern schwer. Viele definieren sich über das, was sie gut können. Das Gefühl, etwas nicht zu können, lässt sie schnell aufgeben oder es gar nicht erst probieren. Dies überträgt sich auch auf andere Schulfächer. Das Kind strengt sich weniger an, dadurch bekommt es schlechtere Noten, dies bestätigt die eigene Annahme: „Ich kann nichts". Ein Teufelskreis von Misserfolg und mangelnder Anstrengung könnte beginnen.

Im Extremfall – und entsprechende traurige Nachrichten ereilen uns jedes Jahr – sehen Kinder und Jugendliche keinen Sinn mehr in ihrem Leben und begehen Suizid.

Konzentrations- und Aufmerksamkeitsmangel

Es ist allgemein und auch bei den Schüler*innen bekannt, dass man sich auf seine Arbeit konzentrieren muss, ihr jegliche Aufmerksamkeit schenken soll. Dies ist jedoch viel leichter gesagt als getan. Die Kinder wissen, dass sie konzentriert arbeiten sollen, doch sie wissen nicht, wie sie dies bewerkstelligen sollen, besonders, wenn andere Gedanken oder Bedürfnisse in ihren Köpfen herumschwirren. Die Bedürfnisse können unterschiedlich sein, einige können aber leicht aus der Welt geschafft und somit die Aufmerksamkeit gesteigert werden:

- *Hunger, Durst:* Kinder haben ein Recht auf regelmäßige Pausen und sollten dabei genügend Zeit haben, auch etwas zu essen. Sie als Lehrkraft können eine kleine Reserve an Knäckebrot o. Ä. anlegen für Kinder, die kein Essen dabeihaben (was unterschiedliche Ursachen haben kann).
- *Trinken (Wasser):* Dies sollte in Maßen immer erlaubt sein. Trinken kann auch die Aufmerksamkeit anregen.

- *Bewegungspausen:* Lernen mit Bewegung sollten Sie regelmäßig in die Stundenabläufe mit einplanen (je jünger die Kinder sind, desto mehr Bewegungsmomente sind sinnvoll). Bei Bedarf können auch Bewegungsspiele oder Übungen spontan von Ihnen angeboten werden. Zusätzliche Möglichkeiten sind Entspannungsübungen, Phantasiereisen, Progressive Muskelentspannung usw.
- *Ablenkung vermeiden:* Achten Sie auf einen aufgeräumten Arbeitsplatz, der möglichst nicht am Fenster und in ruhiger Umgebung ist. Je weniger Ablenkung durch Poster, Objekte vorhanden sind, desto besser. In der Klasse sollte es ruhig zugehen.
- *Vertrauen in die Lehrkraft:* Die Schüler*innen sollten Vertrauen in Sie haben, damit sie sich auch mit Problemen an Sie wenden, die nichts mit Mathematik zu tun haben. Mobbing oder Probleme im Elternhaus verhindern, sich auf Mathe zu konzentrieren.
- *Abwechslungsreiche Übungen:* Wechseln Sie Frontalunterricht mit Einzel-, Paar- oder Gruppenarbeit ab. Zwischendrin lockert eine Bewegungspause auf. Ausgelassene Momente, in denen Sie Ihre Kinder zum Lachen bringen, sind ebenfalls wichtig und steigern die Aufmerksamkeit.

Störungen der Eltern-Kind-Beziehung

Bei vielen Schüler*innen kommt es zu Hause zu Spannungen oder gar dauerhaftem Streit mit den Eltern. Die Eltern sind über schlechte Leistungen enttäuscht. Oftmals dreht sich zu Hause alles um die Themen: Hausaufgaben, Prüfungsergebnisse, Versetzung. Diese Situation kann der Beziehung zwischen Eltern und Kindern dauerhaft schaden. In dem Fall ist es eine Überlegung wert, eine Nachhilfe zu organisieren, um die Situation zu entschärfen. Die Liebe der Eltern für ihr Kind steht in solchen Situationen immer an erster Stelle. Das Kind sollte sich dieser Liebe absolut sicher sein. (Es ist nicht so schlimm, wenn ein Test misslingt. Schlimm ist, wenn das Kind denkt, es verliert die Liebe der Eltern.)

Bemühen Sie sich um klärende Gespräche mit den Eltern. Immer wieder erlebt man als Lehrkraft, dass die Eltern ihre Kinder als faul bezeichnen und somit den Misserfolg mit mangelnder Anstrengung verwechseln. In dem Fall braucht es wiederholten Zuspruch und sachliche Informationen von Ihrer Seite. Es kann ein langer Prozess werden, bis die Eltern erkennen, dass ihr Kind besondere Schwierigkeiten hat, die nicht auf mangelndes Üben zurückzuführen sind.

Auch hier ist es oftmals eine Gratwanderung. Sie sind kein Therapeut und dürfen keine Diagnose stellen und somit auch keine entsprechenden Begriffe benutzen, und trotzdem sollten Sie darauf hinweisen, dass das Kind Probleme hat, die über normale Schwierigkeiten hinausgehen, und dass es Hilfe benötigt. Dabei kann (etwa bei Verdacht auf Dyskalkulie) der Besuch bei einer schulpsychologischen Fachkraft angeraten werden. Oder Sie zeigen bei allgemeinen Rechenschwierigkeiten gezielte Übungen, die die Eltern mit dem Kind machen können. Damit die Eltern das nötige Verständnis für ihr Kind aufbauen können, müssen sie möglichst umfassend informiert werden.

Arbeiten Sie mit den Eltern kleine, erreichbare Ziele aus. Wichtig ist dabei, dass sich die Eltern in Geduld üben und auch sehr kleine Lernerfolge als solche anerkennen und ihre Kinder loben.

Teil 3

WAS BRAUCHT MAN, UM MATHEMATISCH DENKEN ZU KÖNNEN?

Vorläuferfertigkeiten sind die Fähigkeiten und Fertigkeiten, die die Kinder brauchen, bevor sie das Rechnen lernen können. Nehmen wir ein Beispiel aus einem anderen Bereich: Bevor ein Kind laufen kann, muss es erst den Kopf halten und alleine sitzen können.

Allgemeine Fähigkeiten:

- Sprachliche Fähigkeiten (Wortschatz, Hörverständnis und phonologische Bewusstheit)
- Wahrnehmung (visuelle, räumliche und auditive Wahrnehmung)
- Gedächtnis (Langzeitgedächtnis, Arbeitsgedächtnis)
- Konzentration
- Räumliche Kompetenzen (Körperschema, Lateralität, räumliche Orientierung)

Mathematische Fähigkeiten:

- Mengenbewusstsein (auch wenn sich die Anordnung ändert, bleibt die Menge gleich)
- Zahlensinn (Mächtigkeit der Zahlen)
- Zahlensymbole: Ziffern
- Korrekte Zahlenreihe
- Einfache Rechnungen mit konkretem Material
- Zerlegbarkeit von Mengen mit Material (Teil-Ganzes-Beziehung)
- Algorithmen erkennen (Seriation, Muster …)

Unterschiedliche Autor*innen haben darauf hingewiesen, dass diese verschiedenen Bereiche gute Prädikatoren für eventuelle Probleme beim Rechnen in der ersten und zweiten Klasse sind.

3.1 SPRACHE

Die Sprache spielt in sämtlichen Lebensbereichen eine wesentliche Rolle. Es würde an dieser Stelle zu weit führen, alle Bereiche zu beschreiben. Aus diesem Grund will ich mich auf die Sprache in Verbindung mit dem Mathematikunterricht beschränken.

Sämtliche Anleitungen zu Übungen oder Spielen werden den Kindern verbal mitgeteilt. Aus diesem Grund ist es sehr wichtig, dass Kinder über das nötige Hörverständnis verfügen, dazu wird passiver und aktiver Wortschatz benötigt. Als erstes lernen die Kinder die Zahlenreihe so auswendig, dass sie diese wie eine Litanei aufsagen können. Später werden die Zahlwörter in ihrer Menge verstanden, der Zahlensinn entwickelt sich erst nach vielen Manipulationen. Die Sprache und vor allem das Leseverständnis spielen bei der Lösung von Sachaufgaben eine große Rolle. Probleme durch die Sprache ergeben sich in verschiedenen Zusammenhängen:

Stellenwerte lesen: Eine Hürde besteht in einigen Sprachen wie Deutsch, Luxemburgisch u. a. darin, dass die Stellenzahlen anders geschrieben werden, als sie benannt werden. Bei der Zahl 43 nenne ich z. B. die 3 zuerst, schreibe jedoch eine 4 vor die 3. Wenn ich die Zahl lese, sage ich: dreiundvierzig, obwohl die 4 vorne steht. Den Einer nenne ich vor dem Zehner. Viele Schüler*innen brauchen sehr lange, um die Zahlen richtig zu nennen. Abhilfe kann ein Stellenbuch bringen, wie es die Illustration zeigt.

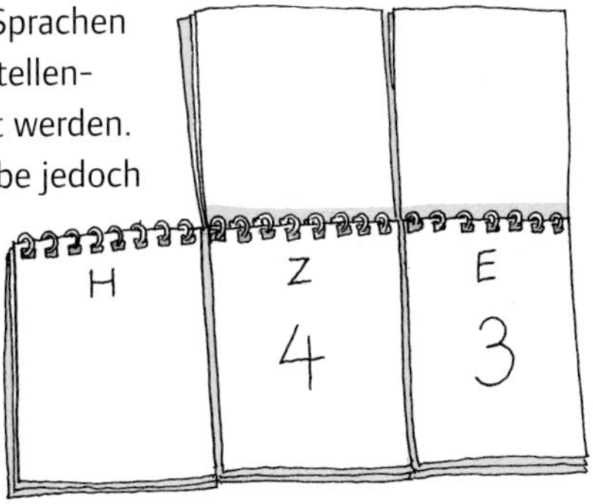

1. Legen Sie die Zahlen mit sogenanntem Dienes-Material (Würfel, Stangen und Platten zur Darstellung von Einern, Zehnern, Hundertern und Tausendern, entwickelt vom Mathematiklehrer Zoltan Paul Dienes, im Fachhandel erhältlich) und erklären Sie: Ich habe vier Zehner und drei Einer. Die Zahl heißt dreiundvierzig. (Weitere Übungen zum Größenverständnis finden Sie im Kapitel 5.)
2. Übungen mit Stellenwertkarten bieten sich ebenfalls an (siehe Seite 77).

Transkodierfähigkeiten werden benötigt, um die Zahlensymbole (Ziffern) visuell zu unterscheiden und das korrekte Zahlwort aus dem Langzeitgedächtnis abzurufen und so das Symbol richtig zu benennen, aber auch für die umgekehrte Aktion: Zahlwörter in Symbole kodieren (Ziffern).

Das verbale Arbeitsgedächtnis wird benötigt, um Stellenwerte oder Zwischenresultate zu speichern. Probleme in dem Bereich führen dazu, dass die Kinder immer wieder von vorne anfangen zu rechnen (siehe dazu auch Seite 31).

Ein Kind mit einer Spracherwerbsstörung weist häufig Probleme bei den Rechenfertigkeiten auf. Auch Zahlwortreihen oder die Verbalisierung von Rechenstrategien fallen schwer (vgl. dazu Fritz/Schmidt/Ricken 2017, S. 149).

3.2 WAHRNEHMUNG

Bei allen Lernbemühungen spielt die Wahrnehmungsfähigkeit eine sehr große Rolle. Bevor die Kinder Informationen verarbeiten können, müssen sie diese korrekt durch optische und akustische Signale wahrnehmen. Erst wenn diese Signale verarbeitet sind, können die Lernaufträge richtig gelöst werden.

Wenn ein Kind Probleme im Bereich der Wahrnehmung hat, kann dies unterschiedliche Ursachen haben. Beim geringsten Verdacht, dass ein Kind nicht gut sehen kann, sollten Sie den Eltern einen Besuch beim Augenarzt empfehlen, um organische Ursachen auszuschließen. Einige Anzeichen für Sehprobleme können sein:

- ungewöhnliche Kopfhaltung beim Lesen oder Schreiben, z. B. extreme Schieflage oder sehr nah am Blatt, Nase fast auf dem Blatt, Augen nicht geradeaus, sondern von unten nach oben gerichtet,
- es wird nicht auf den Linien geschrieben,
- das Kind malt immer über den Rand,
- beim Lesen gerät es in eine andere Zeile,
- es hat Probleme, die Zahlen in der Tafelrechnung richtig anzuordnen,
- das Kind blinzelt mit den Augen, wenn es z. B. von der Tafel abschreibt (dadurch kann die Sehschärfe minimal erhöht werden),
- Augen werden oft gerieben (Müdigkeit durch Schlafmangel oder durch die Anstrengung),
- Augen tränen bei der Arbeit am Computer,
- Augen sind weit aufgerissen, das Kind schaut sehr lange angestrengt auf die gleiche Stelle auf dem Blatt,
- Fehler werden von der Tafel abgeschrieben,
- es gibt Probleme beim Umgang mit dem Geodreieck, bei Abmessungen usw.,
- das Kind klagt über Kopfschmerzen.

Manchmal liegen die Wahrnehmungsprobleme in unterschiedlichen Bereichen, die ich an dieser Stelle kurz beleuchten will.

Die visuelle Wahrnehmung in der Mathematik

Im Matheunterricht müssen die Schüler*innen oft Arbeitsblätter mit schriftlichen Anleitungen und Aufgaben bearbeiten. Sie müssen die Zahlensymbole und Operationszeichen richtig erkennen, entziffern, interpretieren, Strategien und Ableitungen verstehen und sinnvoll einsetzen. Aber alles beginnt mit dem Erkennen der Symbole. Welche Zahlen und Symbole werden dargestellt, welche Bedeutung haben diese Symbole? All dies läuft bei erfahrenen Rechner*innen automatisch ab. Die Schüler*innen müssen nebenbei auch die richtige Reihenfolge beim Lesen verarbeiten und beachten. So spielt es für die Resultate eine entscheidende Rolle, ob man 10 – 8 oder 8 – 10 rechnen möchte. (Auch das muss verstanden werden! Viele Schüler*innen verstehen nicht, warum Minusrechnungen nicht „umgekehrt“ funktionieren.)

Im Bereich der Geometrie spielen die Raumlage sowie die räumlichen Beziehungen eine große Rolle. Einige Kinder haben Probleme, Figuren zu erkennen, wenn diese sich überlappen. Besonders fällt dies auf, wenn die Schüler*innen Formen nachzeichnen sollen, z. B. auf einem klassischen Bastelbogen. Die Kinder beginnen dann mit einer Figur, folgen beim Durchqueren der Linien jedoch einer anderen.

Schwierig können Aufgaben werden, bei denen Buchstaben durcheinander stehen und Lösungswörter gefunden werden müssen, wie es bei Rätselaufgaben häufig der Fall ist. Auch Labyrinthe, bei denen man Wegen folgen muss, oder das Lesen von Landkarten kann den Kindern schwerfallen, was besonders bei geometrischen Aufgaben Probleme bereiten kann.

Arbeitsblätter sind oft vollgepackt mit Informationen, Zahlen und Symbolen. Einigen Schüler*innen fällt es schwer, sich auf einige zu konzentrieren. Vor ihrem geistigen Auge springen die Zahlen, Ziffern und auch Buchstaben hin und her. In einer bestimmten Reihe zu bleiben, ohne von Zeile zu Zeile zu springen, bereitet ebenfalls häufig Probleme.

Für alle Kinder sollten die Arbeitsblätter übersichtlich und klar gestaltet werden, vor allem wenn sie Sehschwierigkeiten haben. Hilfreich sind

- eine größere Schrift,
- ein organisierter und strukturierter Aufbau der Arbeitsblätter,
- die Vermeidung unnötiger Bilder, um nicht für mehr Verwirrung und Ablenkung zu sorgen,
- eine Verteilung der Aufgaben auf mehrere Blätter, um für mehr Übersicht zu sorgen,
- das Abdecken von gerade nicht benötigten Bereichen, um den Schüler*innen das Lösen der Aufgaben zu erleichtern. Dabei helfen ein breites, neutrales Lesezeichen, ein Farbkarton zum Abdecken oder ein Lesefenster.

Förderung: Wahrnehmung

Um die Wahrnehmung zu schulen, können die Kinder Wimmelbilder betrachten und bestimmte Objekte, Formen oder gar Ziffern suchen. Sie können auch bestimmte Gegenstände abzählen.
In den unteren Klassen kann ein Tisch mit vielen Gegenständen aufgestellt werden. Inmitten der Gegenstände sind Buchstaben versteckt, die die Schüler*innen erkennen müssen. Dabei bleibt alles auf dem Tisch liegen und wird nicht angefasst, denn es ist eine Übung für die Augen. Mit den gefundenen Buchstaben können Wörter gebildet

oder erraten werden. Wenn Ziffern auslegt wurden, sollen die Kinder die Zahlen zusammenrechnen.
Auch die Zusammensetzung von Puzzles fördert die Wahrnehmung. Oder Sie lassen die Kinder aus Zeitungen bestimmte Ziffern ausschneiden – das schärft ebenfalls den Blick. Manche Spiele aus dem Handel sind hilfreich, z. B. Gruselino® (Ravensburger), Dobble® (Asmodee), Bataflash® oder Zanimatch® (beide von Djeco).
All diese Übungen haben zum Ziel, Bestimmtes in einer Menge zu erkennen, den Blick auf kleine Details zu schulen und sich nicht von der Masse ablenken zu lassen. Es wird nicht genügen, einmal ein Spiel in diesem Bereich vorzuschlagen, sondern Sie sollten regelmäßig zu Hause oder in der Klasse/Fördergruppe solche Übungen vorsehen.

Probleme, Ziffern und Buchstaben schnell und korrekt zu erkennen und benennen

Zahlensymbole erkennen, auch wenn sie handschriftlich geschrieben sind, und vor allem sich das Zahlwort zum passenden Zahlensymbol zu merken (Transkodierung), stellt viele Schüler*innen vor eine große Herausforderung. Bei der Symbolerkennung spielen auch folgende Faktoren eine Rolle:

- die Raumlage, z. B. 6 oder 9,
- die Schreibrichtung, z. B. 21 oder 12, und
- die Formen der Zahlen sowie ihre Anordnung, z. B. verwechseln einige die 2 und die 5.

Förderung: Zahlwörter merken

Damit die Schüler*innen sich die Symbole mit ihren Zahlwörtern besser merken können, sollten Sie über mehrere Sinneskanäle arbeiten (immer nur eine Ziffer pro Tag!):
Fühlen: Lassen Sie die Kinder ein Symbol ablaufen, mit der Malerrolle nachschreiben, in die Luft malen oder Ziffern aus Schmirgelpapier mit geschlossenen Augen ertasten. Sie können auch Holzziffern verwenden oder die Ziffern mit unterschiedlichen Materialien nachlegen lassen.
Sprechen und Hören: Während des Erfühlens sollten die Kinder das Zahlwort mehrfach aussprechen. Eselsbrücken oder Merksätze können auch eine Hilfe sein (z. B. Die 2 sieht aus wie ein Schwan. Die 4 balanciert auf einem Bein.)

Raumlage erkennen

In der Schule wird oft mit einem Zahlenstrahl gearbeitet, die Zahlen werden dabei von links nach rechts angeordnet, was wiederum ein Verständnis zur Raumlage voraussetzt.

Die Zahlen 6 und 9 unterscheiden sich in ihrer Raumlage. Die Unterscheidungsfähigkeit von rechts und links ist ebenfalls sehr wichtig und sollte unbedingt gefördert werden. Aber auch die Stellenwertzahlen betreffen die Raumlage und das Stellenwertverständnis: Die Kinder müssen 12 oder 21 visuell richtig erkennen.

Um Aufgaben in Bereich der Geometrie, der Symmetrien, der Winkel usw. korrekt zu lösen, ist die visuell erkannte Raumlage sehr wichtig. Das Erkennen beruht auf Erfahrungen aus dem Erlebten.

W. (9 Jahre) kann durch eine körperliche Beeinträchtigung die Welt nur motorisch eingeschränkt erkunden. Sie zeigt erhebliche Probleme in vielen Bereichen der Geometrie. Es fällt ihr zudem schwer, korrekt von der Tafel abzuschreiben oder an der Tafel zu rechnen. Auch Schaubilder zu lesen oder mit Tabellen zu arbeiten bereitet Schwierigkeiten.
Auf detailreichen Abbildungen kann sie keine Personen identifizieren. Ihre Heftorganisation ist mangelhaft. Im Übrigen erstrecken sich ihre Probleme auch auf das Fach Deutsch (bei der Syntax, beim Erkennen von Bildergeschichten usw.).
In diesem Fallbeispiel sind die unten aufgeführten Förderübungen und ein Besuch beim Augenarzt angeraten.

Förderung: Raumlage erkennen

Hilfreich ist der regelmäßige Einsatz dieser Spiele und Materialien: Schach, Dame, Mühle, Schiffe versenken, Origami, Gittertiere, Muster legen und fortsetzen, Somawürfel, Spiele zur Raumlage von verschiedenen Anbietern.
Auch die Arbeit mit Geobrettern, das Nachlegen vorgegebener Bilder mit Gummibändern und das Abzeichnen von Mustern und Bildern fördern die Fähigkeit, sich im Raum zu orientieren.

Visuelles Gedächtnis – Arbeitsgedächtnis

Besonders das Abspeichern der Verknüpfung des Zahlensymbols (Ziffer) mit dem Zahlwort ist eine große Herausforderung und kann mit Gedächtnisspielen gefördert werden. Große Zahlen sollen möglichst schnell aus dem Langzeitgedächtnis abgerufen werden (schnelles Benennen).

Falls einem Kind dies nicht gelingt, muss es lange überlegen und Hilfsmittel nutzen (wie abzählen oder die Zahlen einzeln lesen und zusammensetzen). Das ist anstrengend, weil alle einzelnen Zahlen oder Ergebnisse im Arbeitsgedächtnis haften bleiben müssen. Dies belastet und wirkt sich negativ auf die Konzentration auf die eigentliche Aufgabe aus.

Förderung: Visuelles Gedächtnis

Sie kennen die Spiele, bei denen verdeckte Karten ausgelegt werden und jeweils die beiden gefunden werden müssen, die zusammengehören. Diese Karten sind schnell selbst zu erstellen. Sie können diese Zusammenstellungen wählen:

- Zahlwort – Ziffer,
- Ziffer – geordnete Menge,
- Ziffer – ungeordnete Menge,
- Ziffer – Würfelturm.

Augen-Hand-Koordination

Für diese Aufgaben benötigen die Kinder eine dosierte Muskelspannung und Kraft sowie eine gute Augen-Hand-Koordination: leserlich schreiben, genau abmessen, Flächen messen, Figuren zeichnen.

Förderung: Augen-Hand-Koordination

Streuen Sie in die Mathematik- oder Förderstunden immer wieder diese Aktivitäten ein:

- Wurfspiele,
- Magnetlabyrinthe,
- Ziffern mit Lehm oder Knete herstellen,
- Perlen auffädeln,
- Bügelperlen,
- Muster legen,
- etwas ausschneiden.

Farbenblindheit

Wurde bei einem Kind ärztlicherseits eine Farbenblindheit festgestellt, sollten Sie sich die „schwierigen" Farben notieren und Aufgabenstellungen vermeiden, in denen diese Farben vorkommen (z. B.: Umkreise rot, unterstreiche grün ...). Auch sollten keine

Mengen von roten oder grünen Punkten oder Würfeln o.Ä. zusammengezählt werden. Vermeiden Sie Zeichnungen von Figuren, Körpern, Flächen, Winkeln, Symmetrien usw. in den betreffenden Farben. Und streichen Sie Fehler nicht in diesen Farben an. Es sind übrigens nicht immer die Farben Grün und Rot betroffen.

Die auditive Wahrnehmung in der Mathematik

Die korrekte auditive Wahrnehmung spielt nicht nur im Mathematikunterricht eine entscheidende Rolle, sondern auch in allen schulischen Fächern und im alltäglichen Leben. Lernen beruht auf Erklärungen und Lerninhalte werden fast ausschließlich verbal vermittelt. Das aktive Zuhören und Verstehen sollte also bei allen Kindern vorhanden sein.

Während des Unterrichts in einer Klasse ist es für die Lehrkraft schwierig zu erkennen, ob ein Kind nicht gut hören kann. Dazu muss sie alle Schüler*innen genau beobachten und auch Kleinigkeiten Beachtung schenken. Einige Anzeichen können sein:

- Das Kind reagiert oft nicht, wenn es gerufen wird (kann unterschiedliche Ursachen haben!),
- es versteht oft etwas Gesagtes nicht und fragt nach,
- wenn Zahlen oder Aufgaben diktiert werden, fällt auf, dass etwas anderes notiert wird, was ähnlich klingt.

Falls solche Anzeichen vermehrt auftreten, raten Sie den Eltern zu einem Besuch in einer ohrenärztlichen Praxis.

Um den Rahmen dieses Ratgebers nicht zu sprengen, soll nur auf das besondere auditive Problem im Bereich der Mathematik eingegangen werden.

Laute oder Zahlen korrekt wahrzunehmen

Einigen Schüler*innen bereitet es Schwierigkeiten, die Laute korrekt wahrzunehmen. Buchstaben, die oft falsch gehört werden, sind: mn, ng, pb, gk, dt. Aber auch bei einigen Zahlen „verhören" sich Kinder, z. B. bei 16 oder 60. Besonders die Endung kann für Fehler und Verwirrung sorgen: vierzig und vierzehn klingen ähnlich, machen aber einen großen Unterschied aus. Es versteht sich von selbst, dass noch andere Elemente wie das Stellenwertverständnis eine Rolle spielen. An dieser Stelle soll sich nur auf die auditive Lautdiskriminationsfähigkeit beschränkt werden.

Die Schülerin B. (7 Jahre) hat Schwierigkeiten, 60 von der 16 zu unterscheiden. Nach einigen Übungen zum Stellenwertverständnis schält sich immer mehr heraus, dass sie den Unterschied nicht genau hören kann. Darum unterstützen wir das Erkennen der Wörter mit passenden Gesten. Auch die Lehrkräfte aus dem normalen Mathematikunterricht sollen darauf achten, die lautlich ähnlichen Worte mit Gesten zu begleiten.

Die kinästhetische Wahrnehmung in der Mathematik

Kinder, die Probleme haben, sich im Raum oder auf Klettergerüsten zu bewegen, weisen oft auch Probleme in der Mathematik auf. Allerdings gibt es als Gegenbeispiele die Mathegenies, die nicht klettern können. Es führt jedoch zu Problemen, wenn ein Kind sich im Raum nicht zurechtfindet oder die räumliche Lage nicht erkennen kann. Meist resultieren die Fähigkeiten im räumlichen Denken auf den frühkindlichen Erfahrungen beim Krabbeln, Laufen und der Entdeckung der Dreidimensionalität.

Nicht umsonst arbeiten viele Psychomotoriker*innen in der Vorschule mit Kindern, um das räumliche Erleben, den Bewegungssinn, den Kraftsinn sowie den Spannungssinn zu fördern. Viele Kinder leiden an einer Störung der sensorischen Integration und lernen in den Therapien, ihren eigenen Körper zu spüren, die eigenen Grenzen zu fühlen. Erst nachdem man den eigenen Körper kennt und wahrnimmt, ist auch die Bereitschaft gegeben, sich im Raum zurechtzufinden. Wir spüren und nehmen unseren Körper in unterschiedlichen Stellungen wahr und haben eine Vorstellung, wie sich unser Körper im Raum befindet.

Die mathematischen Zahlen befinden sich ebenfalls in einem Raum, oft greifen wir bei Fragen zur Größe oder zum Nachfolger, Vorgänger, Zahlen runden, Dezimalzahlen usw. auf unseren internen Zahlenstrahl zurück. Aber auch Aufgaben aus dem geometrischen Bereich verlangen die Fähigkeit, sich in der räumlichen Lage zu orientieren. Einige Beispiele sind: Volumen oder Flächen unter verschiedenen Aspekten betrachten und sich auch Bereiche vorstellen, die nicht gesehen werden, wie z. B. die Anzahl von Würfeln in einem Körper oder die Zuordnung von Körpernetzen.

Um die Ziffern leserlich und korrekt schreiben und andere feinmotorische Arbeiten korrekt ausführen zu können, müssen die Schüler*innen ihre Kräfte gut einschätzen und einsetzen können.

3.3 MOTORIK, FEINMOTORIK

Körper- und Raumerfahrung

Kinder erleben alles mit ihrem Körper. Sie entdecken als Baby die Welt mit der Zunge, dann mit den Fingern und später erobern sie krabbelnd und laufend die Welt. Sie brauchen die Bewegung, das körperliche Erleben, um zuerst das eigene Selbst zu entdecken und später die Welt verstehen zu können. Das Körperschema, die eigenen Grenzen zu erkennen und zu erfühlen, aber auch die Lateralität (z. B. Dominanz eines Beines und einer Hand) spielen dabei eine Rolle.

Nachdem die Kinder sich selbst kennengelernt haben, beginnen sie, den Raum zu erobern. Sie müssen lernen, sich im Raum zu orientieren, den Raum und seine Lage wahrzunehmen. Später können dann auch Gegenstände miteinander verglichen werden. Die eigene Wahrnehmung im Raum ist ein wichtiger Baustein im Bereich der Mathematik.

Förderung: Körper- und Raumerfahrung

Wichtig für die kindliche Entwicklung ist also das freie Spielen und Toben auf dem Schulhof, in der Sporthalle, evtl. auf einer angrenzenden Wiese oder auf einem Spielplatz. Ermöglichen Sie Ihren Schüler*innen oft, zu laufen, zu rennen, zu wippen, zu schaukeln, Purzelbäume zu schlagen oder zu klettern.

Das Erleben des eigenen Körpers im Raum dient dem Verstehen der räumlichen Begriffe (über, unter, neben, rechts, links, groß, klein, lang, …). Mit diesen Begriffen können aber auch Gegenstände untereinander und miteinander verglichen werden. Körper werden wahrgenommen und anfangs durch Erfühlen analysiert. Nach mehrfacher Erfahrung wissen wir, wie sich ein Würfel anfühlt. Wir kennen die Beschaffenheit. Wenn die Kinder die Gelegenheit bekommen haben, die Eigenschaften der Körper zu erfühlen und damit zu experimentieren (was rollt? was kann man würfeln, stapeln …?), können sie auch die Formen erleben und erfühlen. Wichtig ist dabei immer das Erleben, Experimentieren und Vergleichen.

In der Geometrie spielt die räumliche Lage eine große Rolle, man denke dabei an das Ausrechnen einer Fläche (wieviel Farbe wird benötigt), eines Volumens oder eines Umfangs (wieviel Zaun wird benötigt). Aber auch im Bereich der Zahlen benötigen wir das räumliche Denken: Wenn wir rechnen und mit Zahlen arbeiten, denken wir in einem mentalen Zahlenraum (Zahlenstrahl, Stellenwertverständnis, Größenverständnis der Zahlen, Zehnerüberschreitung, Zehnerunterschreitung …).

Beim Schreiben und Lesen von Wörtern, aber auch Ziffern, muss die Raumlage der Symbole bewusst wahrgenommen und eine bestimmte Richtung eingehalten werden. Einige Zahlen und Buchstaben können nur gelesen werden, wenn die Lage der Kreise bewusst unterschieden werden: bd pq 69 E 3. Viele Übungen im Bereich der Seriation oder Muster und auch die Elemente der Geometrie setzen die korrekte räumliche Wahrnehmung und Orientierung voraus.

Förderung: Räumliche Wahrnehmung

Gesellschaftsspiele, besonders mit linearen „Spielwegen", fördern besonders die mathematischen Fähigkeiten (Orientierung im Zahlenraum, Zählen und rechnerische Kompetenzen).

Mangelndes Körperbewusstsein und sensorische Integrationsstörung

In der Vorschule fallen regelmäßig Kinder auf, die den eigenen Körper weder kennen noch die Grenzen ihres Körpers spüren können. Man beobachtet Kinder, die sich mit dem Gesicht oder dem Körper gegen eine Fensterscheibe drücken oder die besonders den Körperkontakt zur Lehrerin suchen (über die Hände streicheln, sich anlehnen); manchmal stoßen sie wogegen oder gehen weit von den anderen Kindern weg.

Wenn die Kinder einen Menschen zeichnen sollen, zeichnen die Kinder oft sehr lange Kopffüßler oder Körper mit fehlenden Gliedmaßen. Häufig sind die einzelnen Glieder nicht mit dem Körper verbunden, sondern hängen lose daneben. Diese Kinder haben auch oft Schwierigkeiten, sich selber anzuziehen. Sie stoßen beim Laufen andere Kinder, Spieltürme usw. um oder drücken andere zu fest. Dies geschieht nicht mit Absicht, sondern beruht darauf, dass die Kinder kein Körpergefühl und somit kein Gefühl für ihre Kräfte haben. Andere Kinder fallen durch ihre Hypotonie auf. Es würde zu weit führen, um alle Anzeichen zu notieren.

Y. (6 Jahre alt, wurde aber im Entwicklungstest auf den Stand einer Dreijährigen eingeschätzt) ist ein unruhiges Mädchen, das ständig in Bewegung ist. Im Pausenhof wird sie von ihrer Lehrerin gestoppt, da ihre Knie bluten und sie weiter umherläuft, ohne sich darum zu kümmern. K. spürt nichts, auch auf Nachfragen kann sie nicht sagen, ob sie Schmerzen hat oder nicht. Die Lehrerin versorgt ihre Wunden und untersucht die Hände, das Gesicht und die Ellbogen, um eventuell weitere Verletzungen zu finden. Sie versucht, Y. das Wort „Aua“ in Verbindung mit den Wunden beizubringen, in der Hoffnung, dass das Kind lernt, von sich aus eines Tages zu ihr zu kommen, um ihr selbst zu berichten, dass sie Schmerzen hat.

X. (5 Jahre) sucht häufig Körperkontakt. Im Sitzkreis sitzt er neben der Lehrerin und streichelt die ganze Zeit ihre Arme oder lehnt sich gegen sie. Im freien Spiel zwängt er sich in eine Spielkiste oder drückt sein Gesicht gegen die Fensterscheibe. Oft greift er nach anderen Kindern, quetscht sie am Arm oder stößt sie beim Laufen einfach um. Die Kinder meiden ihn, da er ihnen, unabsichtlich, wehtut. In der Gruppe werden diesbezüglich regelmäßig Massage- und andere Körperspiele sowie ein Bällebad angeboten, um Gelegenheiten zu schaffen, den Körper zu spüren.

Förderung: Sensorische Integrationsstörung

Spiele, die das Körperbewusstsein stärken können, werden besonders in der Turnhalle oder in Bewegungspausen angeboten. Einige geeignete Übungen sind:
Über den Boden rollen, sich zusammenrollen wie eine Kugel, an einer Bank entlangrutschen (sich mit den Armen weiterziehen), sich in einen Reifen legen (ohne dass der Körper aus dem Reifen austritt), ein mit Reis gefülltes Kissen mit verschiedenen Körperstellen transportieren (auf dem Rücken, dem Bauch, dem Hals …), mit einer Zeitung laufen, ohne dass diese zu Boden fällt und ohne sie mit den Händen zu berühren.
Eine andere Variante sind Bewegungsübungen auf dem Flur: auf vorher aufgebrachte Bodenmarkierungen treten, Berührungspunkte an der Mauer treffen, an bestimmten Stellen rollen, krabbeln, über etwas springen. Dies erlaubt den Kindern in regelmäßigen Abständen, sich zu spüren und sich zu bewegen.
Das Benutzen einer Gewichtsdecke kann allen Kindern helfen, um sich zu beruhigen. Bei dieser Decke handelt es sich um eine therapeutische Decke, die ein bestimmtes Gewicht hat.
Kinder können sich gegenseitig massieren (nur freiwillig!) oder sich gegenseitig mit Decken, Kissen oder Bierdeckeln zudecken. Diese Übungen haben zudem eine beruhigende Wirkung und stärken das WIR-Gefühl und den Klassenverband.

Feinmotorik

Die Fingermotorik spielt nicht nur beim Schreiben von Ziffern oder Buchstaben eine Rolle, sondern auch im Bereich der Repräsentation von Zahlen (Eins-zu-eins-Prinzip, Anzahlen zählen) und ersten Rechenleistungen. Dabei ist nicht nur die Fingermotorik, sondern vor allem die mentale Repräsentation der Finger von entscheidender Bedeutung. Das bedeutet, sehr vereinfacht, dass wir alle und somit auch die Kinder ein Bild von unseren Fingern sowie der Anzahl der Finger im Kopf haben, ohne jeweils die Anzahl kontrollieren zu müssen. Gute Rechner können eine bestimmte Anzahl an Fingern aufzeigen, ohne dabei hinzusehen oder abzuzählen. Junge Kinder müssen die Finger oft einzeln abzählen. Sie haben noch keine mentale Repräsentation. Die Repräsentation der fünf Finger an einer Hand wird auch bei der Kraft der 5 und der Kraft der 10 wichtig und hilft bei vielen mathematischen Aufgaben.

Forscher haben festgestellt, dass eine Verbindung von Fingerfertigkeit und Mathematik besteht. So fällt häufig auf, dass Kinder, die im Bereich der Mathematik Schwierigkeiten haben, nur bedingt einzelne Finger bewegen oder aufzeigen können. Bei Vorschulkindern können klassische Fingerspiele gleichzeitig die Feinmotorik, die mentale Repräsentation der Finger und das Lösen von mathematischen Aufgaben positiv beeinflussen. Manchmal ist es ratsam, sich psychomotorische oder ergotherapeutische Unterstützung zu suchen.

Förderung: Feinmotorik

Lassen Sie das Kind diese Übungen machen:

- Schrauben ein- oder ausdrehen,
- etwas mit Steckbausteinen bauen,
- aus Knete Tierfiguren oder Gegenstände formen,
- Perlen auffädeln,
- mit einer Grillzange Watte von einem Behälter in einen zweiten transportieren.

Einige Kinder zeigen trotz längerer, gezielter Förderung erhebliche Probleme im Bereich der Grob- und Feinmotorik in unterschiedlichem Ausmaß. Ältere Kinder können sich nicht alleine anziehen, da ihre Bewegungsabläufe nicht automatisiert vonstattengehen. In einer leichteren Form haben Schüler*innen Probleme beim Schreiben: „Ich weiß, wie es geht, aber meine Finger machen nicht, was ich will.“ Es sollte in dem Falle ein*e Fachkraft aus der Kindermedizin oder Neurologie sowie ein*e Ergotherapeut*in oder

Psychomotoriker*in hinzugezogen werden. Es besteht u. a. die Möglichkeit, dass bei den Kindern eine Dyspraxie vorliegen könnte.

3.4 GEDÄCHTNIS

Das Gedächtnis spielt bei sämtlichen Lernprozessen eine wesentliche Rolle. Um die verschiedenen Prozesse besser zu verstehen, betrachten wir die drei Komponenten nach Atkinson und Shiffrin (1968):

- die Informationsaufnahme (sensorische Register),
- das Arbeitsgedächtnis und
- das Langzeitgedächtnis.

Informationsaufnahme (die sensorischen Register)

Das Kind muss aus unterschiedlichen Informationen jene auswählen, die sinnvoll sind. Weil es gar nicht so viele Informationen behalten kann, muss es die anderen Informationen ignorieren. In dem Kapitel zur Wahrnehmung wurde bereits auf die verschiedenen Wahrnehmungen und Probleme in diesem Bereich hingewiesen. An dieser Stelle soll nochmals erwähnt werden, wie wichtig es ist, dass ein*e Schüler*in lernt, die Aufmerksamkeit auf die wesentlichen Dinge zu lenken.

L. (12 Jahre) kann sich nicht gut konzentrieren, ist schnell abgelenkt und merkt sich keine Zahlen, er macht häufig Flüchtigkeitsfehler oder vergisst Zwischenergebnisse. Er beginnt oft schnell mit dem Rechnen, ohne die Angaben genau zu lesen. Dadurch, dass er Sachaufgaben nicht in Schritte einteilt und plant, vergisst er viele Teilschritte und seine Ergebnisse sind falsch.

Es hat sich bewährt, sich bei den Sachaufgaben neben den Schüler zu setzen und ihn zu bitten, laut zu denken. Er soll jeden Schritt laut aussprechen.

In einer nächsten Phase wird ein akustisches oder visuelles Stopp-Signal erarbeitet (kann mit der ganzen Klasse geschehen). Stopp bedeutet, dass L. vor der Aufgabenrechnung innehält und nachdenkt. Dabei kann er auch diese Checkliste verwenden:

1. *Ich sage Stopp!*
2. *Ich lese genau: Was ist meine Aufgabe?*

3. Ich prüfe, ob ich alles richtig verstanden habe. Dazu lese ich die Aufgabe noch einmal.
4. Ich überlege, wie ich vorgehen muss und welche Schritte nötig sind.
5. Ich rechne Schritt für Schritt und formuliere eine Antwort.
6. Ich prüfe meine Antwort.

Diese Schritte werden regelmäßig mit L. laut wiederholt. Die Checkliste bekommt er in laminierter Form. So kann er jeden Punkt mit einem Filzstift abhaken. Die Liste wird als Poster in Sichtweite des Schülers aufgehängt, so dass er nur noch regelmäßig von der Lehrkraft auf seine Checkliste hingewiesen wird, ohne dass jemand neben ihm sitzen muss. Ziel ist, dass L. selbstständig innehält und die Schritte verinnerlicht.

Das Arbeitsgedächtnis

Die Informationen, die uns ununterbrochen über unsere Sinne erreichen, sind nur für kurze Zeit im Bewusstsein, dann werden sie von anderen Reizen verdrängt. Das Kind muss seine Aufmerksamkeit ganz gezielt auf wichtige Informationen lenken und kontrollieren. Wichtiges muss dabei von Unwichtigem unterschieden werden. Mit der Erfahrung wissen die Lernenden, was wichtig ist.

In der neuesten Forschung wurde festgestellt, dass ein direkter Zusammenhang zwischen den Teilen des Arbeitsgedächtnisses und den mathematischen Leistungen besteht. Dabei wurde aber auch festgestellt, dass die Förderung der mathematischen Vorläuferfertigkeiten „,positive Auswirkungen, nicht nur auf das spätere Rechnen, sondern auch auf die Entwicklung von Arbeitsgedächtnis und Intelligenz haben kann." (Zeitschrift „Lernen und Lernstörungen", 7. Jahrgang Heft 2, S. 91)

In der Mathematik wird das Arbeitsgedächtnis besonders von älteren Kindern genutzt und in diesen Bereichen benötigt:

- Kopfrechnen,
- Zahlenfolgen merken,
- Zwischenergebnisse merken,
- Zehnerübergänge, Zehnerunterschreitung, Zerlegungen (mit Zwischenergebnissen),
- Tafelrechnungen.

Bei Defiziten in diesem Bereich fangen die Kinder immer wieder von vorne mit dem Zählen oder Rechnen an, da sie sich die Zwischenergebnisse nicht merken können.

Wenn sie Zahlensymbole sehen, überlegen die Schüler*innen sehr lange, bevor sie die Zahl nennen. Sie können sie nicht aus dem Gedächtnis abrufen, sondern wenden unterschiedliche Strategien an (heimliches Fingerzählen oder nachschauen von Zahlenreihen im Raum).

Das Langzeitgedächtnis

Nur durch mehrfache Wiederholungen können Rechnungen (Buchstaben, Ziffern, Zahlwörter, Vokabeln, Verben, …) im Langzeitgedächtnis gespeichert und abgerufen werden.

Das Langzeitgedächtnis ermöglicht den schnellen, automatisierten Zugriff auf Eins-plus-eins-, Einmaleins- und Minusaufgaben.

Defizite in diesem Bereich führen dazu, dass die Kinder zählend rechnen oder jede Aufgabe neu errechnen müssen. Dadurch wird ihr Arbeitsgedächtnis erheblich beansprucht. Sie verbrauchen viel Energie, Aufmerksamkeit und Konzentration. Sie werden schneller müde und es schleichen sich vermehrt Fehler ein. Dies kostet sehr viel Zeit und strengt an. Der Abruf von sinnvollen Strategien ist nicht möglich: Die Schüler*innen verwenden immer die gleiche Strategie; es kommen keine metakognitiven Prozesse in Gang.

Förderung: Einfache Gedächtnisübungen

Kindern mit Problemen, sich die Zahlensymbole zu merken, helfen diese Übungen:
Mit dem ganzen Körper einprägen: Die Zahl wird sehr groß auf Packpapier o. Ä. geschrieben und auf den Boden gelegt. Dann schreiten die Kinder die Zahl ab, krabbeln oder rutschen darauf herum oder rollen sich über die Zahl. Dabei wird die Zahl immer wieder benannt.
Eselsbrücken: Sie können passende Eselsbrücken vorgeben (z. B.: 4 ist eine Nase, mit einem Finger in der Nase) oder die Schüler*innen finden selbst etwas, woran sie die betreffende Zahl erinnert.
Gedächtnisspiel: Jeweils das Zahlensymbol und die passende Menge müssen auf zwei Karten gefunden werden.

Förderung: Visuelles Gedächtnis

Bilder von Zahlen und Zahlwörtern werden zugeordnet; Rechnungen und die Lösungen dazu werden auf zwei verschiedene Karten geschrieben, gemischt und verdeckt ausgelegt. Die Kinder suchen die passenden Paare.

Zahlenplättchen liegen in unterschiedlicher Anzahl aus und werden zugedeckt. Die Kinder sollen sagen, wie viele Plättchen dort lagen. In einem weiteren Schritt können noch weitere dazugelegt werden: Wie viele Plättchen sind es dann? Dadurch, dass die Kinder nur einen Teil oder überhaupt keine Plättchen sehen, müssen sie sich die Plättchen vorstellen und sie sich merken. Wenn noch weitere dazugelegt werden: Wie viele Plättchen sind es dann?

In einem weiteren Schritt müssen die Kinder im Kopf (mental) zwei Mengen zusammenziehen. Später können sie visuell überprüfen, ob sie richtig lagen. Diese Übung kann zudem genutzt werden, um vom zählenden Rechnen zum mentalen Rechnen überzugehen.

Was passiert, wenn ich einige wegnehme? Beim Wegnehmen wird es noch schwieriger für die Kinder. Das Wegnehmen an sich stellt für viele Kinder eine große Herausforderung dar. Deshalb sollten am Anfang nur ein Plättchen, später kleine Mengen weggenommen werden. Wenn die Kinder dies gut beherrschen, können auch schwierigere Aufgaben gestellt werden.

Kimspiele: Sie legen Gegenstände auf einem Tisch aus. Die Kinder dürfen eine Weile (ca. eine Minute) die Gegenstände ansehen und sie sich merken. Dann werden sie verdeckt. Wer weiß noch, was auf dem Tisch lag?

Rechenkarten mit Rechnungen mit der korrekten Lösung werden sichtbar auf dem Tisch ausgebreitet. Die Schüler*innen haben Zeit, sich die Rechnungen (und die Lösung) zu merken. Dann wird eine Decke über die Rechnungen gelegt: Welche Rechnungen befinden sich unter der Decke?

Förderung: Arbeitsgedächtnis

Für Schüler*innen, die Probleme mit dem verbalen Arbeitsgedächtnis haben, eignen sich vor allem Spiele zum auditiven Gedächtnis.

Sie merken sich benannte *Zahlenreihen* und zählen sie (vorwärts oder rückwärts) auf. Oder sie spielen das *Kofferpacken-Spiel*: „Ich packe zwei T-Shirts, drei Hosen und fünf Strümpfe ein.“ Varianten: „Ich sehe im Zoo drei Elefanten, zwei Pinguine, …“ oder „Ich kaufe zwei Äpfel, drei Kaugummis, vier Brötchen …“

Förderung: Einfache Rechnungen auswendig lernen

Geben Sie den Kindern viele Gelegenheiten zum Experimentieren und Erleben mit dem gesamten Körper, vielen Sinnen und unterschiedlichen Materialien. Erst danach setzen Sie Übungen zum automatisierten Abruf bestimmter Lerninhalte ein. Wichtig: Erst experimentieren und verstehen, dann auswendig lernen!
Die Schüler*innen sollten die Zahlen als solche mit ihren Mengen verstanden haben, bevor sie die Zahlensymbole auswendig lernen. Die Kinder müssen zuerst das Hinzufügen einer Menge beherrschen und Additionen „errechnet" haben, bevor sie einfache Operationen auswendig lernen. Die Automatisierungsübungen sollten jeweils nicht mehr als zwanzig Minuten dauern.
Lernkartei: Im Handel gibt es zahlreiche Lernkarteikästchen zu kaufen. Die Kästchen verfügen über fünf Fächer. Die Schüler*innen können diese selbst gestalten und die Kärtchen ausfüllen. Auf den Vorderseiten stehen Rechnungen, Rechengeschichten, Sachaufgaben, Rechenbilder usw. Auf der Rückseite finden sich die korrekten Lösungen. Die Kinder bearbeiten selbstständig die Karten. Wenn sie die Antwort korrekt wussten, wird die Karte ins zweite Fach gelegt. Wenn die Karten auch im fünften Fach richtig gelöst wurden, können sie aus der Kiste entfernt werden. *Ad(h)s-Schüler*innen* benötigen Karteikisten mit acht Fächern! Sie brauchen mehr Wiederholungen.
Poster: Mit dem Kind wird gemeinsam ein Poster mit den schwierigen Rechnungen (die es sich nicht gut merken kann) gebastelt. Dieses Plakat wird dort aufgehängt, wo die Hausaufgaben erledigt werden; die Rechnungen werden regelmäßig wiederholt.

3.5 ORDNEN UND SERIATION

Klassifizieren und ordnen

Sehr früh beginnen Kinder, Klassifizierungen vorzunehmen. Es liegt in der Natur des Menschen, Gegenstände zu ordnen und zu klassifizieren. Der Wunsch danach ist uns angeboren. Ich stelle mir das Gehirn wie einen riesigen Aktenschrank vor, mit hunderten von Schubladen, mit hunderten von Fächern, Kisten und Büchern, die nach bestimmten Kriterien geordnet wurden, auf die ich, bei Bedarf, zurückgreifen kann.

Es gibt aber auch Kinder, die schlecht etwas ordnen können. Es fällt ihnen schwer, sich Farben zu merken und danach zu klassifizieren. Bei Formen wird dies noch schwieriger. Diese Kinder haben oft Schwierigkeiten, sich im Alltag zurechtzufinden (Ich soll eine Gabel holen … Gabel gehört zur Kategorie Küche, Besteck … Gabel hat Zinken …).

Unser Sprachsystem baut ebenfalls auf Kategorien auf. Wir vergleichen Gegenstände miteinander und können, noch bevor wir sprechen, Eigenschaften miteinander vergleichen. Wir wissen z. B., dass ein Tisch vier Beine hat, groß oder klein sein kann, in Farbe, Form und Material unterschiedlich aussieht. Um einen Tisch als solchen zu erkennen, mussten wir Eigenschaften untereinander abwägen (z. B. ist die Farbe nicht ausschlaggebend, um einen Tisch zu definieren). Deshalb sollten Kindern, denen es schwerfällt, einen Begriff zu verstehen oder etwas zu ordnen, regelmäßig Karten mit Bildern oder Gegenständen klassifizieren (nach unterschiedlichen Kriterien).

Klassifizierungen helfen dabei, das Leben zu ordnen. Dies kann zu Hause regelmäßig beim Aufräumen der Spielsachen, beim Wegstellen von Esswaren nach dem Einkauf oder beim Einsortieren von Kleidern in einen Schrank geübt werden. Auch im Klassenzimmer herrscht eine bestimmte Ordnung, die eingehalten werden soll, z. B. für Bücher, Bastel- oder Rechenmaterialien. Es können kleine und große Bausteine nach Farbe oder Größe geordnet werden. Wichtig ist, die Kategorie zu benennen, bzw. die Kinder ihre Kriterien selbst auswählen zu lassen. Puzzles und Formenlegespiele sind ebenfalls sinnvoll.

Auch kommt es im täglichen Miteinander im Unterricht regelmäßig zu Kategorisierungen: Mädchen auf die eine Seite, Jungen auf die andere; wer eine Aufgabe gelöst hat, setzt sich hin, die anderen bleiben noch stehen. Die Kinder unterscheiden Buchstaben, Ziffern, Mengen, Formen voneinander. Auch beim Kartenausteilen (jeder bekommt fünf Karten) wird das Zuordnen einer bestimmten Menge geübt.

Ein sinnvolles Spiel ist das bekannte „Ich sehe etwas, was du nicht siehst", dabei müssen Kinder einen Begriff umschreiben und möglichst viele Kriterien benutzen, um das gesuchte Wort zu finden.

In der Förderung begegnen uns manchmal Kinder, die den Eindruck erwecken, als würde ihr Umfeld aus Puzzlestücken bestehen, die sie nicht zusammenkriegen. Wenn Kindern das Klassifizieren trotz vielem Üben einfach nicht gelingen will, sollte schulpsychologische oder schulpädagogische Hilfe hinzugezogen werden.

Reihenfolge (Seriation) und Rhythmus

Unser Leben wird von einem wiederkehrenden Rhythmus bestimmt (Atmen, Herzschlag, Schlaf-Wach-Rhythmus, Mahlzeiten …). Nach dem Aufstehen müssen wir uns zuerst waschen, dann ziehen wir uns an, in der Reihenfolge Unterwäsche, Strümpfe, Hose und als letztes der Pulli. Dieser alltägliche, gleiche Ablauf kann für einige Kinder schwierig sein. Sie wissen nicht, was als Erstes angezogen wird, und schlüpfen in die Schuhe, bevor sie die Hose angezogen haben. Wichtig für solche Kinder ist, alle Abläufe in der gleichen Reihenfolge durchzuführen und die Abläufe zu benennen. Mit Bildkarten (die das Kind in die richtige Reihenfolge legen und beschreiben muss) kann dies geübt werden (im Fachhandel erhältlich).

Auch das Zahlensystem baut auf dem wiederkehrenden Rhythmus von zehn Ziffern auf (1, 2, 3, 4, 5, 6, 7, 8, 9, 0). Die Schüler*innen müssen diesen Algorithmus erkennen und verstehen, um das Stellenwertsystem und die größeren Zahlen zu verstehen. Dies gelingt kleinschrittig.

Förderung: Reihenfolge und Rhythmus

- Farbenrhythmus weiterführen: Glassteine in zwei Farben rhythmisch zusammenlegen, später mit drei und mehr Farben. Die Anzahl einer bestimmten Farbe kann auch variieren (drei rote, zwei gelbe und vier blaue Steine).
- Material der Größe nach ordnen (von klein bis groß oder groß bis klein oder in einem Rhythmus einmal groß, einmal klein, einmal groß …)
- Mit Formen einen Rhythmus legen
- Mit Materialien eine Reihenfolge auslegen
- Rhythmus der Pfeile weiterführen (denn auch die Raumlage kann einer bestimmten Reihenfolge folgen): ← ↓ ↓ ← → → ←
- Buchstaben anordnen, z. B. M H H M H H M …
- Ziffernfolgen vervollständigen: 1, 2, 1, 2, 1, 2, …
- 2er-, 4er-, 6er-Reihen bilden (2, 4, 6 …)
- Zehnerreihen bilden (10, 20, 30 …)
- In Zweier-, Dreierschritten usw. zählen (1, 3, 5 …)
- Hunderterreihen bilden (100, 200 …), Zehner in Tausenderreihen (1 010, 1 020 …), Hunderter in Tausenderreihen (2 300, 2 400 …), in allen Varianten
- Eine Kette mit Additionen rechnen (+15; +32; +150 …)
- Eine Kette mit Subtraktionen rechnen (−15; −25; −150; −1 000)

3.6 MATHEMATISCHE FERTIGKEITEN PRÜFEN: VOR UND IN 1. KLASSE

Die Schüler*innen sollen die Übungen alleine ausführen. Sie als Lehrkraft geben nur die nötigsten Erklärungen. Die Kinder werden in dieser Phase nicht verbessert. Dies soll auf keinen Fall einen diagnostischen Test ersetzen. Es sind Beobachtungsübungen, die

Förderbereiche aufweisen sollen! Auf der Seite 49 finden Sie den passenden Beobachtungsbogen.

Es gibt mehrere Ursachen für mögliche Fehler:

- Die Zahlenreihe ist nicht bekannt.
- Die Zahlensymbole werden nicht erkannt.
- fehlendes Mengenverständnis
- Problem im Bereich der verbalen Zahlenform,
- …

Zahlenreihe

Die Schüler*innen sollen (je nach Alter) die Zahlenreihe von 1 bis 20 legen. Sie sollen dazu Zahlenteppiche (oder laminierte Zahlenkarten in DIN A4) bekommen, die durcheinander liegen. Bei Fehlern notieren Sie die gesamte Reihe, um vielleicht ein Denkmuster zu erkennen.

Anschließend bitten Sie das Kind, die Reihe vorzulesen. Auch dazu notieren Sie sich die Antworten. Manchmal bemerken die Schüler*innen ihren Fehler und überlegen, wie sie darauf kommen konnten, einige können ihre Fehler ausbessern, andere nicht.

Mengen – Zahlen – Zahlensymbole

Zahlensymbole und Mengen legen: Legen Sie verschiedene Zahlensymbol-Karten aus. Die Schüler*innen sollen nun Glassteine auf die Karten legen. Sie müssen die Symbole erkennen und der korrekten Menge zuordnen. Was sich hier zeigen kann:

- Problem im Bereich der Symbole und Ziffern,
- Schwierigkeiten im Mengenbewusstsein, im Zahlensinn.

Anzahl benennen: Bei dieser Übung legen Sie eine bestimmte Menge aus und das Kind benennt diese Menge. Was sich hier zeigen kann:

- Problem im Bereich der verbalen Zahlenform,
- Problem im Mengenbewusstsein.

Benannte Anzahl legen: Sie nennen eine Zahl. Das Kind legt dazu die benannte Menge.

Was sich hier zeigen kann:

- Problem im Bereich der verbalen Zahlenform,
- Problem im Mengenbewusstsein.

Wenn das Kind diese Aufgabe korrekt bewältigt, aber eine Aufgabe mit den Symbolen nicht, besteht die Möglichkeit, dass das Kind Probleme im Bereich der visuellen arabischen Zahlenform hat. Die Übung mit der Zahlenreihe würde diese Annahme bekräftigen.

Zahlensymbole benennen: Sie legen unterschiedliche Zahlensymbole (Zifferkarten) aus, die das Kind benennen soll. Notieren Sie die korrekt und die falsch benannten Zahlen.

Korrektes Symbol zeigen: Bei dieser Übung werden unterschiedliche Zahlensymbole gemischt ausgelegt. Sie benennen eine Zahl und das Kind zeigt auf die benannte Zahl. Diese Übung ist etwas leichter, da Sie ein Zahlwort vorgeben. Kinder, die die Symbole erkennen, sich jedoch das Wort nicht merken können, zeigen dann aber auf das korrekte Bild. Was sich hier zeigen kann, ist ein Problem im Bereich der verbalen Zahlenform.

Mächtigkeit: Verschiedene Zahlen werden ausgelegt. Dazu werden verschiedene Fragen gestellt und die Antworten notiert. Sie geben einen Hinweis auf den Zahlensinn.

Welche Zahl ist größer? Welche Zahl ist kleiner? Was ist der Unterschied zwischen 2 und 3?

Zahlenturm: Die Kinder sollen mit Zahlentürmen die Anzahl zusammenbauen. Achtung: Die Übung sollte nicht zu lange dauern (siehe Kopiervorlage S. 48, hier können Sie selbst die Zahlen eintragen, die für Ihr*e Schüler*in passen, ein Beispiel ist klein abgebildet).

Papagei-Spiel: Sie nennen verschiedene Zahlen, die die Kinder wiederholen sollen, zuerst zwei Zahlen in Folge, dann drei und zum Schluss vier oder fünf. Fehler werden notiert. Was sich hier zeigen kann: Bei Fehlern kann dies ein Hinweis darauf sein, dass das Kind Probleme mit dem Arbeitsgedächtnis hat und/oder im Bereich der Konzentration.

Algorithmen: Die Schüler*innen sollen einen vorgegebenen Rhythmus nachlegen oder zeichnen. Auch hier kann an Alter und Niveau angepasst werden.

Räumliche Lage: Abschließend können Sie Spiele zur räumlichen Lage durchführen. Spiele mit dem Geobrett und vor allem das spätere Aufzeichnen geben Aufschluss darüber, wie gut sich Schüler*innen im Raum orientieren können. Origami ist eine Papier-Falttechnik, die es in unterschiedlichen Schwierigkeitsgraden gibt. Bei Schüler*innen mit Schwierigkeiten können Sie leichte Aufgaben wie Flugzeuge, Schiffe oder Beispiele aus Bastelbücher wählen, die auch für junge Kinder geeignet sind. Eine besondere Schwierigkeit liegt darin, die Anleitung zu lesen und diese Anweisungen manuell an einem Stück Papier umzusetzen.

Kopiervorlage Zahlenturm

Name: Klasse: Datum:

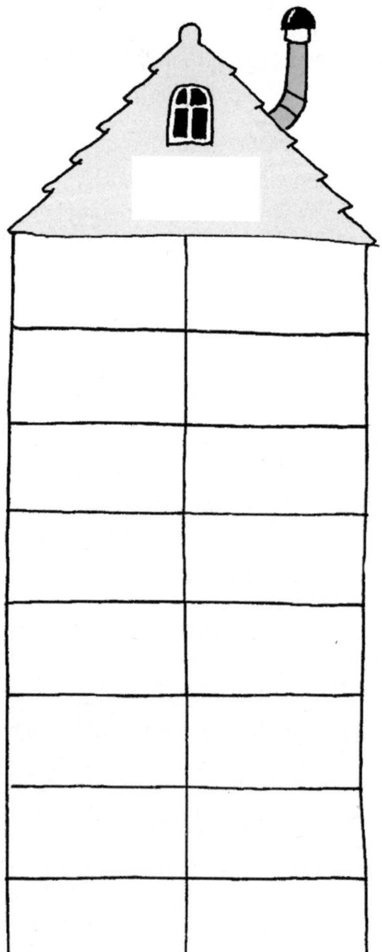

Beispiel:

5	5
8	2
6	4
3	7
9	1
2	8
4	6
1	9
10	0
0	10

Kopiervorlage Auswertungsbogen Vorschule und 1. Klasse

Name: Klasse: Datum:

Geleitete Übungen	**Zahlen**	**Beobachtungen (was korrekt, was falsch?)**	**Kommentare**
Zahlenreihe			
Teppiche legen			
Zahlenreihe benennen			
Mengen – Zahlen – Symbole			
Zahlensymbole: Menge legen			
Anzahl benennen			
Benannte Anzahl legen			
Zahlensymbole benennen			
Korrektes Symbol zeigen			
Mächtigkeit			
Zahlenturm			
Papagei-Spiel			
Algorithmen			
Geobrett o. Ä.			

3.7 MATHEMATISCHE FERTIGKEITEN PRÜFEN: AB 2. KLASSE

Passen Sie die Übungen jeweils an das Alter oder den vermuteten Lernstand des Kindes an. Wenn Sie merken, dass das Niveau zu hoch angesetzt wurde, z. B. im Tausenderraum, gehen Sie zurück auf den Hunderterraum.

Zahlwortreihe

Zahlen benennen: Lassen Sie das Kind innerhalb eines Rahmens die Zahlen laut benennen, z. B. für den Hunderterraum: Nenne die Zahlen zwischen 25 und 35 (56 und 67; 87 und 95). Oder für den Tausenderraum: Nenne die Zahlen zwischen 250 und 290 (543 und 550; 789 und 800; 945 und 960).

Besonders Kinder mit schwachem Arbeitsgedächtnis oder Konzentrationsschwierigkeiten neigen dazu, zu vergessen, bei welcher Zahl sie gerade waren. Diesen Kindern fällt es leichter, die Zahlen zu notieren, als sie zu benennen.

Seriation, Zahlenrhythmus

Zehner-Hunderter-Reihe: Im Hunderterraum soll die Schülerin alle Zehner angeben (10, 20, …). Oder sie beginnt bei einer Zahl und führt die Reihe jeweils in Zehnerschritten weiter (12, 22, …). Im Tausenderraum sollen entsprechend die Hunderter angegeben (100, 200, …) oder z. B. in Hunderterschritten weitergezählt werden (150, 250, …). Auch Fünfzigerschritte sind möglich (50, 150, 200, 250, …).

Rückwärtszählen: Lassen Sie das Kind ab einer bestimmten Zahl rückwärts zählen, entweder im Hunderterraum (von 65 bis 50; von 27 bis 20; von 89 bis 80) oder im Tausenderraum (von 675 bis 650; von 999 bis 980; von 456 bis 440).

2er-, 5er-, 8er-Schritte: Das Kind soll in den entsprechenden Schritten aufwärts oder abwärts zählen, jeweils im Hunderter- oder Tausenderraum.

Zahlenreihen: Es besteht auch die Möglichkeit, Zahlenreihen weiterzuführen, wobei das Kind zunächst den Rhythmus herausfinden muss (z. B. 10, 17, 24, … oder 235, 250, 265, …).

Zahlenstrahl

Übungen am Zahlenstrahl sollten auf das Niveau des Kindes abgestimmt sein. Beginnen Sie bei Bedarf im Zahlenraum bis 20 und steigern Sie dann den Zahlenraum sukzessive bis Tausend oder sogar bis Zehntausend, je nach Klasse und Leistungsstand.

Die Darstellung des Zahlenstrahls kann ebenfalls unterschiedlich schwierig sein:

- mit Zahleneintragungen,
- mit Einteilungen und nur wenigen Zahleneintragungen, z. B. 1, 5, 10 … oder 1, 50, 100 … oder anderen Sprüngen,
- nur mit Einteilungen, bei denen die Striche für Zehner/Hunderter größer sind.

Wenn die Aufgaben falsch beantwortet werden, kann Folgendes unterschieden werden:

- Die Schreibung der Ziffern ist falsch: Inversion, Zahlenverdreher (z. B. 24 statt 42). In diesem Fall sollte die Raum-Lage-Kenntnis und das Stellenwertverständnis geprüft werden.
- Die Einteilung ist falsch: Das Kind hat die Reihenfolge der Zahlen eingehalten, nur der Abstand stimmt nicht, z. B. stehen alle Zahlen an einer Stelle zusammengedrückt, weil die Abstände falsch eingeschätzt wurden.
- Die Orientierung fehlt: Die Reihenfolge der Zahlen wurde nicht richtig eingehalten.

Zahlengrößen

Wer ist mächtiger? Lassen Sie das Kind zwei Zahlen vergleichen und die mächtigere angeben, z. B. 54 oder 45; 87 oder 89; 354 oder 586; 452 oder 455.

Größer? Kleiner? Gleich? Das Kind soll mehrere Zahlen miteinander vergleichen und definieren, welche größer, kleiner oder gleichwertig sind.

Zahlenverständnis

Diktieren: Nennen Sie eine Zahl, die das Kind notieren soll. Bei Fehlern wird unterschieden, ob die Zahl ganz falsch geschrieben wurde (eine andere Zahl notiert wurde) oder ob es sich um eine Inversion handelt (Verwechslung der Stellen). Im ersten Fall überprüfen Sie die Zahlen im Zehnerraum; im zweiten Fall das Stellenwertverständnis. Mögliche Ursachen für Inversion sind Probleme …

- im Verständnis der Stellenwerte,
- im Teil-Ganzes-Konzept,
- bei Zerlegungen,
- in der Raum-Lage.

Zahlen benennen: Das Kind soll die Zahlen nennen, die Sie ihm auf einer Zahlenkarte zeigen. Wenn Zahlen dabei verdreht werden, müssen das Stellenwertverständnis und die Kenntnis der Zahlenwörter geprüft werden.

Automatisierter Ablauf von Operationen: Hiermit sind Rechnungen gemeint, die die Kinder auswendig können sollten. Stellen Sie verschiedene Aufgaben aus den Bereichen, die zur Klasse und zum Leistungsstand des Kindes passen. Wie schnell kann das Kind die richtige Antwort nennen? Beobachten Sie dabei auch, ob die Kinder Finger oder andere Hilfsmittel benutzen; das können Hinweise auf Probleme sein.

Arbeitsgedächtnis: Sprechen Sie vier bis fünf Zahlen vor, die das Kind wiederholen soll, z. B. 4582, 5937, 9251. Die schwierigere Aufgabe besteht darin, die Zahlen rückwärts zu wiederholen.

Arbeit am Geobrett: Wenn sich Probleme im Bereich der Raum-Lage zeigen, teilen Sie an das Kind Kärtchen mit Abbildungen von gespannten Gummibändern am Geobrett aus, die das Kind nachbauen soll. Anschließend soll es den Aufbau nachzeichnen.

Kopiervorlage Auswertungsbogen ab 2. Klasse

Name: Klasse: Datum:

Geleitete Übungen	Zahlen/Aufgaben	Beobachtungen (was korrekt, was falsch?)	Kommentare
Zahlwortreihe Seriation, Zahlenrhythmus und Reihen weiterführen, rückwärts von __ bis __, 2er-Schritte, 5er- bis 8er-Schritte vorwärts und rückwärts …			
Zahlen in Zahlenstrahl einfügen			
Zahlengrößen Wer ist mächtiger? Zahlen vergleichen (< > =)			
Zahlenverständnis Zahlen diktieren			
Zahlen benennen			
Automatisierter Abruf von Operationen			
▶ Addition			
▶ Subtraktion			
▶ Verdoppeln			
▶ Halbieren			
▶ Multiplikation			
▶ Division			
Arbeitsgedächtnis Zahlen wiederholen Zahlen rückwärts sprechen			
Geobrett o. Ä.			

3.8 BEOBACHTUNGEN IM UNTERRICHT

Während des Unterrichts gibt es immer wieder Phasen, in denen Sie als Lehrkraft die Gelegenheit zu Beobachtungen haben: während Sie etwas erklären, wenn die Kinder in Rechnungen vertieft sind, wenn ein Kind an der Tafel etwas rechnet oder auf eine Frage antwortet, in Freiarbeitsstunden, während der Partnerarbeit usw.

Notieren Sie Ihre Beobachtungen eventuell regelmäßig nach einer Stunde. Dies kann ebenfalls dabei helfen, die Schwierigkeiten einzelner Kinder einzuschätzen. Manchmal gibt es mehrere Ursachen, die zu einem Fehler führen, was Sie bei einer längerfristigen Beobachtung herausbekommen können. Fragen Sie auch bei den Kindern selbst nach, wo sie Schwierigkeiten sehen.

Auffälligkeiten

Als Anzeichen sollten nur die Auffälligkeiten notiert werden, die sich mehrfach und über einen bestimmten Zeitraum wiederholen, damit Sie ausschließen können, dass das Kind einfach nur müde oder lustlos ist. Für Ihre Notizen können Sie die Kopiervorlage auf S. 55 nutzen, die Sie selbstverständlich an Ihre eigenen Bedürfnisse anpassen können.

Zeit: Ein Kind braucht sehr lange, um eine Antwort zu geben. Vielleicht hat es die Aufgabe nicht verstanden oder ist zu unkonzentriert. Es verfügt nicht über die passenden Strategien und gehört noch zu den zählenden Rechnern. Womöglich haben Sie beobachtet, dass es den Raum nach den Symbolen absucht oder mit dem Finger rechnen muss. Auch heimliche schriftliche Rechnungen können vorkommen.

Anwenden von Tricks: Auf Nachfrage erklären Kinder oft voll Stolz, dass sie sich das Benutzen von Tricks selbst beigebracht oder von ihren Eltern, Großeltern usw. übernommen haben. Dabei funktionieren diese Tricks manchmal rein zufällig oder nur in bestimmten Fällen oder beruhen auf keiner mathematischen Erklärung.

Fehlerhafte Resultate bei Operationen: Wenn das Kind falsch gerechnet hat, kann das sehr viele Ursachen haben. Dazu gehören mangelndes Operationsverständnis, mangelnder Abruf der Symbole, Konzentrationsschwächen oder die falsche Deutung von Zeichen/Zahlen.

Kopiervorlage Beobachtungsbogen

Name:	Klasse:	Datum:

Aufgabe aus dem Bereich: ______________________________

Braucht viel Zeit			
Wendet Tricks an			
Macht Fehler bei Operationen:			
▶ Falsche Zahlen	Symbole	Grapho-Motorik	Raum-Lage
▶ Inversion			
▶ Verständnis			
▶ Operations-zeichen			
Ist zählender Rechner			
▶ Zählt ab 1			
▶ Zählt ab einer bestimmten Zahl			
Hat Probleme mit Raum-Lage			
Kann sich nicht konzentrieren			

Teil 4

ERSTE SCHRITTE IN MATHEMATISCHEM DENKEN

4.1 DIE ZAHLENREIHE

Das Lernen der Zahlenreihe wurde von Jens Holger Lorenz (vgl. Lorenz 2012, S. 22) untersucht und dargelegt, darauf beruhen meine folgenden Ausführungen. Die meisten Kinder lernen sehr früh, die Zahlenreihe wie einen Abzählreim auswendig aufzusagen. Ihnen entzieht sich in diesem Stadium jedoch das Verständnis für die Zahlen. Das Auswendiglernen ist ein wichtiger Lernschritt. Die Kinder machen zu diesem Zeitpunkt keinen Unterschied zwischen den einzelnen Zahlwörtern und können auch nicht automatisch eine bestimmte Menge den jeweiligen Zahlwörtern zuordnen. Die Zahlenreihe ist nicht „aufbrechbar", die Kinder müssen immer wieder mit der 1 beginnen.

In einem nächsten Schritt lernen die Kinder, Objekte zu zählen. Dabei erfahren sie, dass beim Zählen auf ein Objekt gezeigt und ein anderes Zahlwort dabei genannt wird. Jedes Objekt wird nur einmal gezählt. Die zuletzt genannte Zahl gibt die Anzahl der Objekte an. Jedes weitere gezählte Objekt bekommt dabei ein größeres Zahlwort (Eins-zu-eins-Zuordnung). Die Kinder lernen: Je mehr Objekte sie zählen, um so größer wird die Zahl. Sie lernen auch die Nachbarzahlen und deren Bedeutung (größer oder kleiner) kennen.

R. (6 Jahre) zählt die Objekte mehrfach und beginnt immer wieder von vorne. Ihr hilft es, wenn sie die Objekte, die sie schon abgezählt hat, an die Seite schiebt, um den Überblick zu behalten. Ebenfalls hilfreich: Auf einem Arbeitsblatt kann sie die bereits abgezählten Gegenstände markieren.

Nach ausreichender Übungszeit mit Mengen und Zahlen können die Kinder die Zahlenreihe aufbrechen und die Zahlwortreihe auch mit einer größeren Zahl beginnen. Bald brauchen die Kinder die Objekte nicht mehr mit dem Finger anzutippen, sondern können diese mit ihren Augen zählen.

In einem weiteren Entwicklungsschritt können die Kinder Objekte, die vor ihnen liegen, auch zusammenziehen: Es kommt zu ersten Additionen. Kleine Rechnungen mit konkretem Material folgen: Du hast drei Bonbons, ich gebe dir noch eines hinzu, wie viele Bonbons hast du jetzt? Die Schüler*innen können bei Übungen auf dem Zahlenteppich oder am Zahlenstrahl ausrechnen, wie viele Schritte sie weiterlaufen müssen, um bis zu einer bestimmten Zahl zu gelangen.

Die Kinder können die Zahlenreihe auch rückwärts zählen. Dafür eignen sich am besten die Zahlenteppiche, um die Kinder visuell und motorisch bei ihren kognitiven Verarbeitungen zu unterstützen. Später können sie die Zahlenreihe auch kognitiv abzählen.

Eine letzte wichtige Stufe ist erreicht, wenn die Kinder die Zahlwortreihe in beide Richtungen aufzählen sowie ab jeder Zahl schnell vorwärts und rückwärts zählen können. Übungen dazu finden Sie auf Seite 50.

4.2 EINS-ZU-EINS-ZUORDNUNG

Für einige Kinder stellt die Fähigkeit, einzelne oder mehrere Dinge einem Objekt, Wort oder Zahlwort zuordnen zu können, einen sehr wichtigen Schritt in die Welt der Mathematik dar und ist das Resultat von vielem Üben. Besonders in alltäglichen Situationen können die Kinder auf die Eins-zu-eins-Zuordnung aufmerksam gemacht werden.

- *Beim Anziehen:* Jeder Fuß steckt in einem Strumpf, man zieht sich morgens nur einen Pulli an, im Schulflur hängt jedes Kind seine Jacke auf seinen Haken.
- *Beim Tischdecken:* Jeder bekommt einen Teller, eine Gabel, ein Glas. Jeder sitzt auf seinem Stuhl.
- Die Menge, die zugeordnet wird, kann aber auch *variieren:* Jedes Plüschtier bekommt zwei Möhren. Beim Teilen bekommt jedes Kind drei Bonbons.
- *Bei Spielen:* Jeder bekommt sieben Karten.
- *Bei Arbeitsblättern:* Wir umkreisen jeweils drei Blumen.

Wie bereits erwähnt, besteht das Abzählen einer bestimmten Menge aus einer Form der Eins-zu-eins-Zuordnung. Jedem gezählten (oder gezeigten) Objekt wird ein anderes Zahlwort zugeordnet. Jedes Objekt darf dabei nur einmal gezählt werden. Das letzte genannte Zahlwort gibt die Anzahl der gezählten Objekte an.

4.3 MENGEN

Manche Kinder beurteilen eine Menge nach dem räumlichen Platz, den diese Menge einnimmt. Nach dem Verschieben von Mengen gehen sie davon aus, dass sie diese nochmals zählen müssen, weil sich die Menge verändert hat. Bei diesem Beispiel nehmen diese Kinder an, dass sich in der zweiten Reihe mehr Kugeln befinden, weil sie länger aussieht.

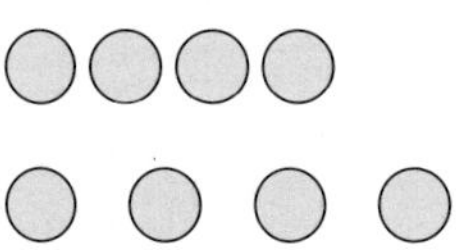

Wenn die Kinder die Menge von der räumlichen Lage ausgehend ablesen, ist es wichtig, dass sie beschreiben, was sie denken: „Was passiert, wenn ich die Kugeln verschiebe?" Dann erst sollen sie nachzählen. Die Kinder sollten zu diesen drei Schritten angeregt werden:

1. überlegen,
2. sprechen, erklären,
3. wenn nötig prüfen (manipulieren). Nach einiger Zeit sollte dieser Punkt überflüssig sein.

So kann vermieden werden, dass immer alles abgezählt wird (nur weil es schneller geht und sicher ist). Auch dies ist ein wichtiger Schritt, um zählendem Rechnen vorzubeugen.

Ein Beispiel für ein Kind mit fehlendem Zahlensinn ist P., der sich die Würfelbilder der Zahlen als Mengenbild eingeprägt hat. In der ersten Klasse zeichnet er alle Mengen in Würfelbildern. Soll er neun Würfel legen, erklärt er, dass er dies nicht kann. Er kommt gar nicht auf die Idee, die einzelnen Elemente abzuzählen. Er sucht in seinem Gedächtnis nach dem „Bild" der 9. Um die Aufgabe zu einem Ende zu bringen, legt er 12 Würfel in einer Quadratform hin. Er hat den Sinn der Menge nicht verstanden. Wenn er eine Menge abzählen soll, ermuntert ihn die Lehrerin, mit dem Finger die Gegenstände zu zählen, dann greift er auf die Zahlenreihe zurück und kann die Fragen korrekt beantworten.

4.4 ZAHLENSYMBOLE

Viele Kinder können sich die Zahlensymbole nicht merken. Die Probleme liegen im Bereich der visuell-arabischen Repräsentation: der Symbole. Sie können die Zahlwörter nicht dem jeweiligen Symbol zuordnen. In der Schule können die Kinder bei schriftlichen Aufgaben die Namen der Symbole nicht abrufen. Sie müssen dann zu Tricks greifen:

- Sie rufen die Zahlenreihe der Reihe nach ab (erkennbar an den Lippenbewegungen oder an der langen Zeit, die das Kind braucht, um eine Ziffer zu benennen).
- Sie suchen den Raum nach Zahlenbildern ab (Blick sucht im Raum und sie schreiben Zahlen von Postern, Kalendern usw. ab.)
- Einige nehmen ein kleines Lineal aus dem Federmäppchen und lesen dort die Ziffern ab.

Die Tricks haben den Nachteil, dass sie oft von Lehrkräften unbemerkt bleiben und für die Schüler*innen sehr zeitintensiv sind. Außerdem verlangen sie viel Konzentration oder sie belasten das Arbeitsgedächtnis, was wiederum dazu führt, dass die verlangten Rechenoperationen falsch gelöst werden.

Schon vor dem Eintritt in die erste Klasse sollten die Zahlen im 10er-Zahlenraum geübt werden. Die Kinder sollten die geschriebenen Ziffern 1 bis 9 erkennen und korrekt benennen können. Ist dies nicht der Fall, braucht das Kind entsprechende Förderung. Dazu gibt es einige Spiele aus dem Bereich der grobmotorischen und der feinmotorischen Förderung. Die Kinder sollen sich durch Bewegung und das Lautieren der Zahlwörter die Symbole merken und einprägen.

Grobmotorische Förderung:

Nehmen Sie sich jeden Tag ein Zahlensymbol vor und kleben sie es möglichst groß mit Klebeband auf den Fußboden. Die Kinder laufen über das Symbol und können dabei unterschiedliche Bewegungen ausführen (seitwärts gehen, krabbeln, springen, robben oder mit dem Rollbrett darüberfahren). Wichtig ist dabei, dass sich die Kinder das Symbol genau einprägen und das Zahlwort immer wieder laut aussprechen. Anschließend können die Symbole mit einer Malerrolle, mit Pinseln, Bällen oder Spielzeugautos nachgezeichnet bzw. nachgefahren werden.

Feinmotorische Förderung:

In einem nächsten Schritt kann die Symbolform aus unterschiedlichen Materialien geformt werden (Plastilin, Lehm oder Plätzchenteig). Auch hier spielt das Lautieren eine Rolle.

Auswendiglernen: Kartensätze (Gedächtnis-Spiele) können dabei helfen, durch Übung die Verknüpfung von Mengen und Zahlensymbole zu verinnerlichen.

4.5 TEIL-GANZES-SCHEMA

Für ein Verständnis des Teil-Ganzes-Schemas müssen die Kinder einen Sinn für Kardinalität entwickeln (vgl. dazu Schultz/Jakob/Gerster 2017, S. 207). Mengen werden mit Zahlwörtern benannt und mit Symbolen dargestellt. Eine Menge (außer 1) kann in mehrere Teile zerlegt werden, anschließend kann man sie aber auch wieder als ein Ganzes zusammenlegen. Diese Einsicht ermöglicht es, den Kindern auch die Beziehungen zwischen den Zahlen zu vermitteln, es ist z. B. die 3 kleiner als die 7, denn die 3 kann sich in der 7 verstecken und braucht noch eine 4, um gleichwertig mit der 7 zu sein.

Schöne Anregungen bieten dazu Würfelbilder, die unterschiedlich gefärbt werden. Dies lädt die Kinder ein, die Anzahl mit einem schnellen Blick zu bestimmen, eine Zahlgeschichte zu erfinden und so über das Teil-Ganze nachzudenken. Eine Variante ist, die Würfelbilder anders räumlich anzuordnen.

Das Zusammenfügen zweier Mengen zu einem Ganzen ist ein wichtiger Bestandteil der Addition. Das Zerlegen in verschiedene Teile ist ein wichtiger Bestandteil der Subtraktion. Später, bei der Division, wird ebenfalls eine Menge geteilt und durch Multiplizieren wieder zusammengefügt.

Diese Fähigkeiten, Zahlen zu teilen und wieder zusammenzufügen, brauchen die Kinder als wichtige Voraussetzung, um nicht-zählende Rechenstrategien zu entwickeln. Ob beim Stellenwertsystem, beim Bruchrechnen oder in Sachaufgaben - überall wird ein Verständnis von Teilen und Ganzes vorausgesetzt (vgl. dazu Fritz/Schmidt/Ricken 2017, S. 61).

Förderung: Teil-Ganzes-Schema

Schüttelkasten: Im Kasten befinden sich eine bestimmte Menge Perlen sowie eine Barriere mit einer Öffnung. Durch das Schütteln verteilen sich die Perlen auf beiden Seiten der Barriere. Danach wird der Kasten geöffnet und die Kinder erkennen zwei Teilmengen. Sie können ihre Entdeckung auf einem Arbeitsblatt notieren und von neuem schütteln.

Zerlege-Häuser: Hier können die Kinder Mengen zerlegen (siehe Kopiervorlage S. 62). Die Zerlege-Häuser haben unterschiedliche Stockwerke, die in zwei verschiedenen Farben ausgemalt werden sollen. Jedes Haus soll anders gefärbt werden.

Beispiel für die Zahl 9 (Nach diesem Muster können Sie natürlich auch andere Mengen zerlegen lassen; dann müssen Sie die Anzahl der Häuser und Stockwerke entsprechend anpassen):

1 blaues, 8 rote 2 blaue, 7 rote 3 blaue, 6 rote 4 blaue, 5 rote usw.

Kegelspiele: Sie können auf einem Tisch mit kleinen Spielfiguren und einer kleinen Kugel spielen (oder falls vorhanden auch mit großen Kegeln auf einer Bahn). Die Kinder kegeln und verbalisieren anschließend, was passiert ist: Wie viele Kegel sind umgefallen, wie viele stehen noch, wie viele Kegel sind es zusammen?

Wenn die Kinder dies verstanden haben, sollte bald auf eine kognitive, abstraktere Denkweise, das Manipulieren von Zahlensymbolen, übergegangen werden.

Name: Klasse: Datum:

Aufgabe: Auf diesem Blatt hat jedes Haus 9 Stockwerke.
Teile die Stockwerke von jedem Haus in rote und blaue ein.
Male die Stockwerke mit Rot und Blau aus.
Achtung: Jedes Haus soll eine andere Aufteilung bekommen.

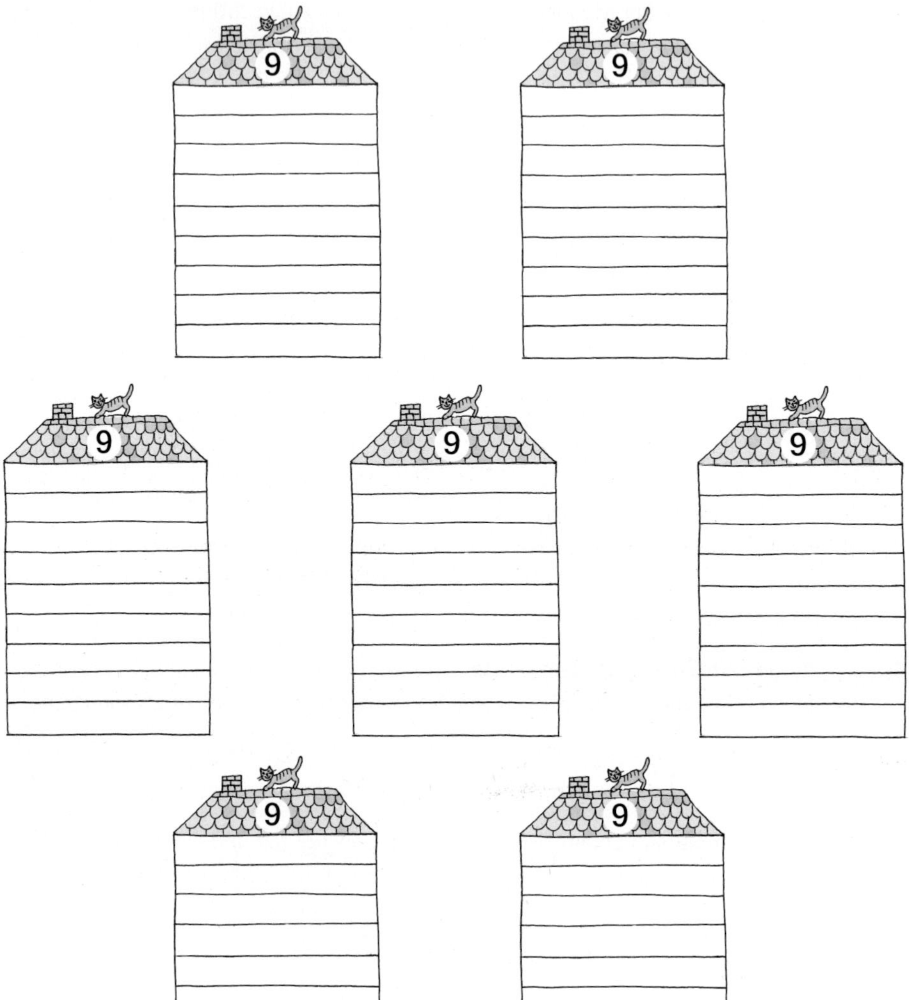

4.6 ZERLEGBARKEIT

Eine wichtige Erkenntnis zum Zahlenverständnis ist die Bewusstheit, dass sich bestimmte Zahlen in zwei oder mehrere Zahlen zerlegen können. Diese können aber auch wieder zu einer Menge zusammengeführt werden.

Förderung: Zerlegbarkeit

Fingerspiele als Vorübung: Fingerspiele eignen sich hervorragend, um die Zerlegbarkeit der Mengen und Zahlen einzuleiten. Als Vorübung wird das schnelle Aufzeigen einer bestimmten Anzahl von Fingern (ohne Abzählen!) geübt. Gefolgt vom Auftrag, die gleiche Anzahl noch einmal zu zeigen, aber mit anderen Fingern. Mit dieser sehr einfachen Übung lernen die Kinder automatisch, eine Menge zu zerlegen, und gleichzeitig wird vermieden, dass ein bestimmter Finger für eine bestimmte Menge oder Anzahl „steht".
Eine weitere Übung fördert die mentale Repräsentierung der Finger und später der Mengen. Dabei legt das Kind die Hände auf den Tisch und spreizt die Finger. Die Lehrkraft legt einen Schal über verschiedene Finger. Wie viele Finger sind sichtbar (ohne abzuzählen oder die Finger zu bewegen)? Wie viele Finger sind verdeckt? Wie viele Finger sind es insgesamt? Kinder mit Rechenschwierigkeiten brauchen oft lange, um diese Fragen zu beantworten. Ziel ist es, dass die Kinder schnell antworten können, ohne die Finger zu bewegen.
Das gleiche Prinzip kann später auch mit zugedeckten Zehner-/Zwanzigerfelder oder Rechenschiffen (je nachdem, mit welchem Material die Kinder gewöhnlich arbeiten) gespielt werden.
Die Zerlegbarkeit von Mengen kann man auch mit diesem Spiel üben, das für Kinder ab sechs Jahren geeignet ist: Halli Galli®.

Das Teil-Ganze-Schema wird benötigt, um Subtraktionen in allen Zahlenbereichen sowie Additionen mit Zehnerüberschreitung durchzuführen. Als Übung zur Zahlenzerlegung empfiehlt es sich, die Kinder mit verschiedenen Materialien, wie z. B. Zahlenplättchen, experimentieren zu lassen. Auch bei diesen Übungen haben sich die Zahlenhäuser bewährt (siehe S. 62).

Beginnen Sie mit niedrigen Zahlen. Durch das Benutzen von Zahlenplättchen, die verschiebbar sind, können die Kinder erfahren, wie sich durch Manipulation die Zusammensetzungen verändern können, die Anzahl jedoch gleichbleibt. Nach vielen Übungen verstehen die Kinder das Prinzip der Zerlegungen.

Wenn die Kinder die Zahlen mit ihren entsprechenden Mengen und Symbolen verinnerlicht haben, können Sie auf die Zahlensymbole übergehen. Die Kinder manipulieren dann nicht mehr mit Plättchen, sondern kognitiv mit Zahlen.

In der Praxis hat N. (11 Jahre) immer noch Probleme, Zerlegungen zu verstehen. Türme aus Bausteinen können ihm helfen: Er soll aufeinandergestapelte (gleichlange) Bausteintürme auseinanderlegen und wieder zusammenfügen (Teil-Ganzes). Die Lehrerin schreibt eine große Ziffer auf die eine Seite der Bausteine, auf die andere Seite für jedes Steinchen einen Punkt. Mit dem Bausteineturm können die Zerlegungen und Zusammenfügungen immer wieder durchgespielt werden.
N. soll die verschiedenen Zerlegungsmöglichkeiten zur Menge 8 herausfinden. Darum benutzt er die Zahlentreppen aus Holz (Mengen, zählen, Zahlen). N. soll jeweils Türme zusammenbauen, die 8 ergeben. Anschließend soll er die Ergebnisse notieren: 8 + 0, 1 + 7, 2 + 6, 3 + 5, 4 + 4 … Diese Übung wird mit allen Zahlen von 3 bis 10 geübt.

Auch bei Additionen mit der Zehnerüberschreitung helfen N. die Bausteine viel. Die Steine werden dabei nur für die Zahl benutzt, die zerlegt werden soll, z. B. 7 + 8. Er muss die Aufgabe in Schritte zerlegen:

1. *Schritt bis zum Zehner: die 8 (Bausteineturm) am dritten Stein aufbrechen, dann die verbleibenden Steine zum Zähler hinzuzählen.*
2. *Schritt: den 8er-Stein in 3 bis zur 10 zerlegen und dann bleiben noch mal 5: 10 + 5 = 15*

Bei Subtraktionen mit Zehnerunterschreitung wird ähnlich gearbeitet:
Beispiel: 25 – 7 (der Bausteineturm mit 7 Steinen wird in 5 und 2 zerlegt)

1. *Schritt: bis zum nächsten Zehner abziehen; Bausteineturm mit 7 Steinen an dem fünften Stein abbrechen*
2. *Schritt: bis zum nächsten Zehner abziehen (25 – 5)*
3. *Schritt: restliche Zahl abziehen (20 – 2)*

Mit der Zeit und vielem Üben beginnt N. zu verstehen. Eine Zahl kann aufgebrochen und wieder zusammengesetzt werden, dann kann sie wieder anders aufgebrochen und wiederum anders zusammengesetzt werden.

4.7 DIE KRAFT DER 5

An einer Hand haben wir fünf Finger. Dies sollten die Kinder wissen, ohne zu überlegen. Sie sollten ganz schnell die fünf Finger ausstrecken können. Fünf hat anatomisch und auch im mathematischen Bereich eine wichtige Bedeutung. Auf einen Blick können vier bis fünf Elemente erkannt werden (Subitizing). Andere Mengen können durch Hinzufügen oder Abziehen erkannt werden. (Wenn wir fünf minus eins nehmen, haben wir vier).

Ein Beispiel für die „Kraft der 5" ist die Zehnerfelddarstellung. Einige Zahlenplättchen liegen auf dem Zehnerfeld. Zur Erfassung der Mengen orientieren sich die Kinder an der 5:

- Liegen drei Zahlenplättchen in der oberen Reihe, sehe ich, dass zwei bis zur fünf fehlen.
- Und es fehlen in der unteren Reihe noch fünf bis zur fünf.
- Zusammen fehlen 2 + 5 bis zur 10.

○	○	○		

Mit den Übungen sollen die Schüler*innen die 5 als Stützpunkt erfahren. Dabei ist es wichtig, dass das Kind oder am Anfang auch Sie als Lehrkraft verbalisieren, was gerade geschieht: Für die 5 brauche ich drei Finger an der einen Hand und zwei Finger an der anderen Hand.

Die Zahl 5 spielt auch bei den Multiplikationen der 5er-Reihe wieder eine wichtige strategische Rolle (siehe S. 92).

Förderung: Die Kraft der 5

Übungen mit den Fingern: Welche Finger-Konstellationen ergeben 5? Die Schüler*innen sollten möglichst unterschiedliche Variationen und Kombinationen zeigen. Andere Mengen können auch dargestellt werden. Wichtig ist bei allen Fingerübungen, dass die Kinder nicht Finger nach Finger ausstrecken, sondern Gruppierungen (5 Finger, 3 Finger usw.) in einer Bewegung ausstrecken (Subitizing).
Bei den zusammengesetzten Mengen sind die Fähigkeiten zum Teil-Ganzes-Schema und der Zerlegbarkeit erforderlich. Abzählendes Vorgehen sollten Sie sofort unterbinden. Wenn die Schüler*innen nicht in Gruppierungen „rechnen" oder die Finger ausstrecken können, sollten Sie mit kleineren Mengen beginnen (z. B. 4 oder 3). Wiederholtes Üben ist dabei sehr wichtig.

4.8 DIE KRAFT DER 10

Zwei Hände sind zehn Finger. Dies sollten die Kinder wissen und schnell aus dem Gedächtnis abrufen können. Auch an dieser Stelle werden Fingerspiele eingesetzt, aber wie bereits angesprochen, immer so, dass die Finger nicht abgezählt werden, sondern in Gruppierungen ausgestreckt werden. Unsere Finger sowie kleine Rechenübungen mit unseren Fingern sind in unserem „genetischen Plan" und sollten deshalb auch in der Förderung genutzt werden.

Förderung: Die Kraft der 10

Ergänzung auf 10: „Ich halte zwei Finger hoch. Wie viele fehlen noch bis zur 10?". Am Anfang werden die Finger benutzt. Später sollten die Kinder ohne Bewegungen der Finger auskommen. In einer ersten Phase können die Finger nur betrachtet werden, ohne diese zu bewegen, später brauchen die Kinder nicht mehr auf die Finger zu schauen. Diese Übung mit der Vorstellung beugt zählendem Rechnen vor und ist deshalb äußerst wichtig. Anschließend sollte der automatisierte Abruf kleiner Rechenaufgaben geübt werden.

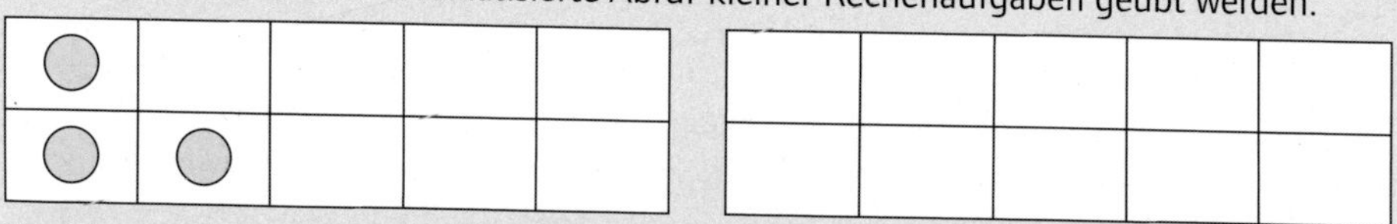

Um Mengen mit Zahlenplättchen bei der Zwanzigerdarstellung zu erkennen, hilft die Ordnung der Zahlenplättchen auf dem Zwanzigerfeld. Wir erkennen durch die vorigen Übungen schnell die drei Plättchen auf einen Blick und können im Kopf rasch die fehlenden Plättchen zusammenzählen, um den Zehner/Zwanziger zu füllen. Dabei helfen uns die Kraft der 5 und die Kraft der 10 weiter (3 + 7 = 10 oder 3 + 17 = 20). Beispielsweise erkennen wir, ohne abzuzählen, die 15 durch das Teil-Ganze-Schema. Die 10 ist an der Schwelle zur Zehnerüberschreitung. Nun reichen unsere Finger nicht mehr aus. Weiteres Rechnen findet in unserer Vorstellung statt. Die 10 spielt eine wichtige Rolle bei der Unterschreitung und der Überschreitung. Wir rechnen zuerst zur 10, dann führen wir die weiteren Schritte aus.

Wenn die Schüler*innen dieses Prinzip verstanden haben, kann es auch auf höhere Zahlen übertragen werden.

Die 10 spielt auch eine Rolle bei dem Verständnis der Stellenwerte (10 x 10 = 100 usw.). Auch bei den Multiplikationen ist die Zehnerreihe wichtig. Eine Zahl mal 10 zu rechnen, ist einfach. Und wenn ich mal 10 rechnen kann, hilft mir das dabei, mal 9 zu rechnen usw. (siehe dazu auch S. 92).

Auch bei Divisionen (geteilt durch 10) hat die Kraft der 10 eine wichtige Stützfunktion.

Teil 5

RECHEN-SCHWIERIGKEITEN IM 20ER-ZAHLENRAUM

5.1 ZAHLENGRÖẞEN ERKENNEN, ZAHLENSINN ENTWICKELN

Den Zahlensinn zu entwickeln, heißt zu erkennen, dass sich unser Zahlensystem auf einen Algorithmus der Ziffern 1 bis 9 wiederholt. Es bedeutet auch, dass die Kinder begreifen, dass die Zahlen in der Zahlenreihe immer größer werden, das heißt, dass jede weitere Zahl um ein Element vergrößert wird. Für viele Kinder ist diese Erkenntnis nicht so leicht. Darum bietet es sich an, mit unterschiedlichem Material zu arbeiten, um diese Bereiche „fühlbar" zu machen (siehe Seriation S. 44).

Als Vorübung können Sie mit der Klasse eine Treppe hinaufsteigen. Dabei sollen die Kinder beschreiben, was ihnen auffällt. Welche Bewegungen müssen sie verrichten und was geschieht dabei? Mit jedem Schritt nach oben können sie die einzelnen Stufen zählen. Beim Heruntersteigen der Treppe (eventuell sogar rückwärts) kann das Rückwärtszählen geübt werden.

Anschließend sollen Kinder mit unterschiedlichem Material Treppen bauen. Wichtig ist dabei, dass die einzelnen Stufen gleichmäßig groß sind (genau wie bei der Treppe). In einem nächsten Schritt kann abgemessen werden, ob die Abstände gleich groß sind. Dazu benutzen die Kinder den gleichen Basisstein, mit dem die übrige Treppe gebaut wurde. Der gleiche Vorgang sollte mit unterschiedlichen Materialien geübt werden, z. B. Holzwürfel, Kaplastücke®, Würfel (Mengen, Zählen, Zahlen), Bausteine, Rechenstäbe, Zahlenplättchen.

Stellen Sie unterschiedliche Aufgaben oder Fragen:

- Was unterscheidet die 1 von der 2?
- Welche Zahlen sind größer als die 5?
- Welche Zahlen befinden sich zwischen der 7 und der 10?
- Welche Zahl erreichen wir, wenn wir drei Schritte gehen und dann noch vier weitere Schritte?

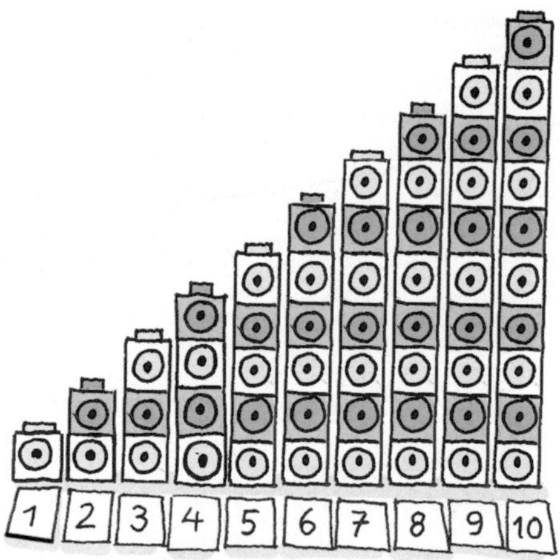

5.2 MENGENERFASSUNG

Die Schüler*innen sollen verschiedene Mengen abzählen, vergleichen oder benannte Zahlen mit Zahlenplättchen auslegen können. Besonders in der ersten Klasse sind Manipulationen besonders wichtig. Wobei an dieser Stelle aber auch erwähnt werden sollte, dass Sie die Loslösung vom Material nicht aus den Augen verlieren dürfen.

Erste Erfahrungen sollten jedoch immer mit konkretem Material wie Zahlenplättchen gemacht werden. Dabei wird die Menge auf unterschiedliche Weise dargestellt (z. B. nicht immer die Würfelanordnung). Eine Aufgabe könnte lauten: Lege 5, aber immer auf unterschiedliche Weise. Da viele Kinder, die Schwierigkeiten in der Mathematik haben, oft verschiedene Muster oder Anordnungen mit einer Zahl verknüpfen, nicht aber die Anzahl, sollte immer wieder aufgezeigt werden, dass z. B. eine 5 eine 5 bleibt, egal wie die Plättchen angeordnet sind.

Machen Sie sich im Vorfeld Gedanken zur Wahl des Materials, da häufiges Wechseln und verschiedene Handhabung die Schüler*innen irritieren und zusätzliche Schwierigkeiten bereiten können.

Um ständiges Abzählen zu vermeiden (zählende Rechner*innen), sollten immer wieder Strategien und Ableitstrategien erlernt werden wie Gruppierungen (Kraft der 5, Kraft der 10), Umtauschaufgaben, automatisiertes Wissen wie auswendig gelernte Operationen.

Es versteht sich von selbst, dass neue Lerninhalte in der Anfangsphase mit geeignetem Material bearbeitet und entdeckt werden sollten (an diesem Punkt darf zählend manipuliert werden).

Mengen über den Zehner hinweg lassen sich erfahrungsgemäß mit Eierkisten (10er- Verpackungen) und Plastikeiern am besten verstehen. Im Handel gibt es auch schöne Materialien, die Einer, Zehner, Hunderter und Tausender beinhalten. Diese Materialien sind sehr wichtig für die Einführung und das Verständnis des Stellenwertsystems. Dieses Material in Kombination mit Stellenwertkarten und Stellenheften eignet sich besonders gut, um den Stellenwert zu verstehen und das korrekte Lesen und Schreiben der großen Zahlen zu üben.

Mengen sollten immer wieder zerlegt und zusammengefügt werden können (Teil-Ganzes, Zerlegbarkeit: Teil 4). Zusätzlich sollte zu jeder Menge auch immer das Ziffersymbol erlernt und verstanden werden. Zur Festigung können Sie auf Material verzichten.

Auswendiglernen können Sie mit Gedächtnisspielen, Lotto oder Domino üben oder passende Arbeitsblätter gestalten.

5.3 ZÄHLEN STATT RECHNEN

Diese erste Strategie, Einzelnes abzuzählen, ist wichtig für das Begreifen und sollte unbedingt am Anfang stehen. Nachdem die Kinder das Prinzip verstanden haben, sollten Sie jedoch auf andere Strategien zurückgreifen, bei denen nicht Punkte, sondern Ziffern miteinander verrechnet werden.
Viele Schüler*innen verharren bei dieser Strategie, da sie ihnen sicher und einfach erscheint. Mit dem wachsenden Zahlenraum ist diese Strategie jedoch unzureichend. Oftmals wird erst im Laufe der dritten Klasse festgestellt, dass ein Kind zählend vorgeht. Es wendet verschiedene Strategien an, um etwaige Schwierigkeiten zu verschleiern. Bei Operationen werden zwei Mengen zusammengefügt oder weggenommen. Gute Rechner*innen rechnen zwei Mengen zusammen oder subtrahieren ohne weitere Probleme. Sie haben das Teil-Ganze-Konzept sowie Zerlegungen verstanden und können beliebige Zahlen in unterschiedliche Mengen aufteilen und wieder zusammenfügen. Schüler*innen, denen sich der Zahlensinn, die Konzepte des Zerlegens sowie des Teil-Ganzen verschließen, greifen auf Plättchen oder Bleistifte zurück, die sie heimlich abzählen.

S. (8 Jahre) soll 5 + 3 ausrechnen. Ihr Blick wandert zum Blatt, es geschieht lange gar nichts. Sie verdreht sogar die Augen. Auf Nachfrage erklärt sie, dass sie in ihrem Kopf fünf Finger einzeln ausstreckt und dann noch drei weitere dazurückt. Sie zählt jeden Finger einzeln ab. In der Vergangenheit wurde ihr fälschlicherweise das Zählen mit den Fingern untersagt, so dass sie es heimlich mental machen musste. Ihr helfen folgende Ansätze:

- *Kurzfristig (ab sofort): Sie darf die Finger benutzen, wenn sie die Antwort nicht weiß. So vermeiden wir, ihr Arbeitsgedächtnis und die Konzentration so stark zu belasten, dass sie zu müde für weitere Aufgaben wird.*
- *Mittelfristig: Sie soll die kleinen Rechnungen, die sie sehr gut verstanden hat, auswendig lernen. Da sie sich Bilder gut merken kann (Finger), bekommt sie ein Plakat mit den schwierigen Rechnungen, das sie zu Hause aufhängen soll, so dass sie es immer sehen kann. Abends vor dem Schlafengehen soll sie die Rechnungen wiederholen. Eine weitere Maßnahme sind solche Spiele, bei denen sie sich die Rechnung mit dem Resultat merken soll.*
- *Langfristig: In der Förderung wird unterdessen weiter am Zehnerübergang und an der Zehnerunterschreitung geübt. Diese müssen später auch im 20er-Raum auswendig gelernt werden.*

G. (7 Jahre) arbeitet mit Zahlenplättchen im 20er-Feld. Sie soll 5 + 3 rechnen. Sie nimmt den Finger, setzt bei fünf an und addiert drei einzelne Felder. Sie beherrscht an sich die Rechnungen, fühlt sich jedoch so sicherer.
In ihrem Fall ist es wichtig, ihr Selbstvertrauen zu stärken und sie zum Nachdenken anzuregen, anstatt dass sie immer abzählt. So wird das 20er-Feld zugedeckt und zusammen lautiert. Auch sie soll die einfachen Rechnungen auswendig lernen.

An dieser Stelle sollte noch erwähnt werden, dass das Rechnen mit den Fingern eine Alternative zu den Plättchen ist, mit dem Vorteil, dass der Mensch nur über 10 Finger verfügt und alle Zehnerübergange gedanklich weiterverarbeitet werden sollen.

Eine wichtige Stütze sind die Fingerübungen beim Zehnerübergang bzw. der Zehnerunterschreitung. Die Kinder brauchen nur auf die Finger zu schauen, ohne diese zu bewegen. Diese Übung fördert das Mengenverständnis und die Zerlegbarkeit der Mengen. Dabei legt das Kind die Hände auf den Tisch und spreizt die Finger. Die Lehrerin legt einen Schal über verschiedene Finger. Wie viele Finger sind sichtbar (ohne abzuzählen oder die Finger zu bewegen)? Wie viele Finger sind verdeckt? Wie viele Finger sind es insgesamt? Ziel ist es, dass die Kinder diese Fragen schnell beantworten können, ohne die Finger zu bewegen. Einige Schüler*innen schaffen es nicht, aus der zählenden Phase herauszukommen, und nutzen sie als sichere, einfache Strategie. Auf Dauer ist sie jedoch anfällig für Irrtümer (man verzählt sich schnell), aber vor allem nimmt sie sehr viel Zeit in Anspruch und kostet Energie und Konzentration. Sie ist nicht effektiv.

Sie können herausfinden, ob ein Kind zählend rechnet, indem Sie es beobachten: Nutzt es Material, Bleistifte, Lineal, um mehr oder weniger heimlich zu zählen? Auch die Dauer, die das Kind zur Lösung einer Aufgabe benötigt, kann ein Hinweis auf zählendes Rechnen sein. Zudem können Sie das Kind bitten zu lautieren: Sag mir genau, wie du vorgehst, was in deinem Kopf passiert, dann kann ich dir weiterhelfen.

Förderung: Zählendes Rechnen

Zeigen Sie dem Kind Strategien auf, die effizienter sind. Dazu gehören in einem ersten Schritt *Gruppierungen:* Greife fünf Plättchen. Zeige fünf Finger, schnell und ohne abzuzählen. Dies sollte so oft geübt werden, bis das Kind Anzahlen schnell, ohne abzuzählen, greifen (Plättchen) oder zeigen (Finger, Zwanzigerfeld) kann.

In einem weiteren Schritt sollten die *Zerlegungen* und das Teil-Ganze nochmals geübt werden (z. B. mit Zerlegehäusern). Auch dies sollte gefestigt sein, bis die Operationen erläutert werden.

Mentale Visualisierungen: Stell dir vor, du hast fünf Plättchen/Finger vor dir ausstreckt, nun füge in Gedanken noch drei hinzu …

Weitere Übungen sind das *Zudecken von Mengen* oder Fingern. Es befinden sich z. B. fünf Plättchen unter einem Schal, das Kind konnte die Plättchen sehen, bevor sie verdeckt wurden. Dann werden, ohne Sicht, drei Plättchen dazugelegt. Das Kind kann sich in einer ersten Phase vorstellen, wie viele Plättchen jetzt unter dem Schal liegen. Mengen können dann gedanklich hinzugefügt oder wieder abgezogen werden.

Dann sollten nur *Ziffern* verwendet werden: zu Anfang nur einfache Ziffern und erst später kommen größere Zahlen hinzu.

Die *Automatisierung* (Auswendiglernen) sollte erst nach dem Verständnis geübt werden. Auch hier gibt es hilfreiche Spielmöglichkeiten. Sie können z. B. Holzwäscheklammern mit Operationen beschriften; zu jeder Lösung soll es mehrere Aufgaben geben; das Kind soll die Klammern in Behälter sortieren, passend zu den Lösungen.

5.4 SYMBOLE, ZIFFERN UND OPERATIONSZEICHEN

Zahlensymbole

Die Schüler*innen haben Probleme, die Symbole mit einem Zahlwort zu verbinden und aus dem Gedächtnis abzurufen. Sie erkennen Probleme in dem Bereich, wenn ein Kind lange überlegen muss, bevor es eine Zahl nennen kann. Dies kann ein Hinweis darauf sein, dass es mental die Zahlenreihe aufzählt oder sich im Raum die Zahlenreihe ansieht. Die Zahlen sollten sehr schnell benannt werden können, auch bei nur kurzem Aufzeigen.

Förderung: Zahlensymbole

Der Schwerpunkt in der Förderung liegt darin, unterschiedliche Sinne mit dem Zahlwort und dem Symbol zu verknüpfen. Dabei wird auf grobmotorischer Ebene begonnen und auf feinmotorischer Ebene beendet. Während der Bewegungen wird immer (!) das Zahlwort benannt (lautieren).

Grobmotorische Übungen: Symbol mit Papierklebstreifen aufkleben (oder mit Kreide im Schulhof), dazu werden unterschiedliche Bewegungen ausgeführt (lautieren!): laufen, krabbeln, springen, rutschen, mit dem Rollbrett fahren usw.

Die Form des Symbols kann mit unterschiedlichem Material nachgelegt werden.

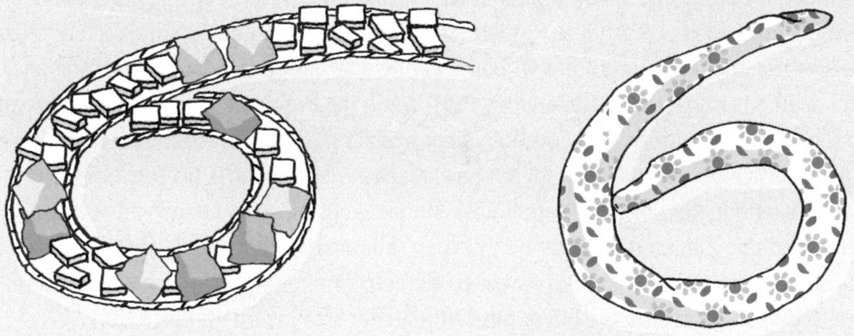

Feinmotorische Übungen: Lassen Sie die Symbole nachlegen oder mit Knete formen oder die Ziffern auspicken. Auch das Betrachten des Symbols und deren Unterteilung in gerade Linien, runde Bereiche oder Kreise kann den Kindern helfen.

Wichtig ist, mit der kleinsten Zahl, die die Schüler*innen nicht sicher erkennen, zu beginnen. Regelmäßig sollten die Zahlensymbole miteinander verglichen und Eselsbrücken benutzt werden. Üben Sie regelmäßig das schnelle Abrufen durch kurzes Aufzeigen der Ziffer. Für die Zahlen von 10 bis 20 sollte als erstes die Zahlenreihe geübt werden. Beim Lesen der Zahlensymbole ab 10 können Sie den Schüler*innen mit einem kleinen Trick helfen: Decken Sie den Zehner kurz ab, das Kind liest den Einer vor, dann erst wird der Zehner aufgedeckt. Lediglich die 11 und 12 müssen auswendig gelernt werden.

Operationszeichen

Die Operationszeichen sollten erst eingeführt werden, wenn die Zahlensymbole gesichert sind. Die Operationszeichen sind auch Symbole, dank derer man weiß, ob eine Menge hinzugefügt, weggelassen, multipliziert oder dividiert wird. Deshalb sollte auch zuerst verstanden werden, was es bedeutet, einer Menge etwas hinzuzufügen oder abzuziehen.

Förderung: Operationszeichen

Auch die Operationszeichen können mit Eselsbrücken besser memoriert werden (plus ist mehr als minus; also kommt bei plus etwas hinzu). Die Merkformel sollte mit den Schüler*innen selbst erarbeitet werden, übernehmen Sie den Wortlaut der Schüler*innen und notieren Sie die Eselsbrücke in ein Lerntagebuch oder auf einem Lernplakat.

5.5 ZAHLENREIHEN

Bei einigen Kindern liegen die Probleme bei der Größenrepräsentation. Übungen dazu finden Sie im Kapitel 5.3. Andere Kinder haben Probleme, die Zahlenreihe auch aufzusagen. Dies beruht vielleicht auf der verbalen Ebene oder im Bereich des Gedächtnisses (siehe dazu das Kapitel zum Gedächtnis 3.4). Wenn die Probleme im Bereich der visuell-arabischen Repräsentation, der Symbole, liegen, sollten die Zahlen besonders im 10er-Raum geübt werden. Die Kinder sollten geschriebene Ziffern von 1 bis 9 erkennen und korrekt benennen können. Erst wenn diese Symbole ausreichend beherrscht werden, kann auf höhere Zahlen übergegangen werden. Für einige Kinder stellt aber auch die Zahlengröße ein Problem dar. Bei manchen Kindern sind mehrere Bereiche betroffen, die gefördert werden müssen, bevor die Grundrechenarten erarbeitet werden.
Die folgenden Übungen sollten in der benannten Reihenfolge geübt werden und immer am Anfang der Unterrichtsstunden stattfinden, damit die Kinder sich den Zahlenstrahl oder die Zahlenreihe mental merken und beim Rechnen darauf zurückgreifen können.

Förderung: Zahlenreihen

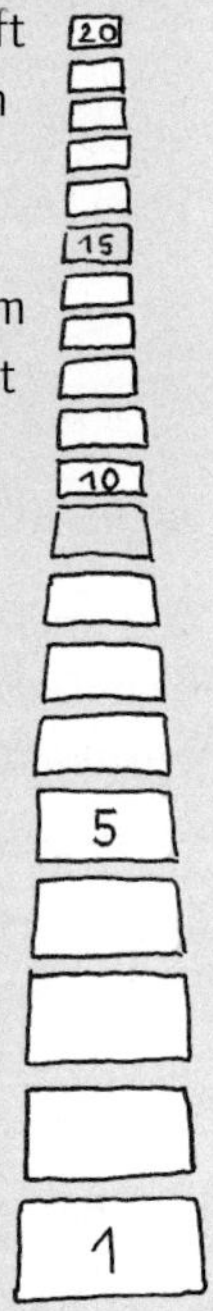

Zahlenreihe bis 20: Jedes Kind bekommt einige Zahlenteppiche. Sie als Lehrkraft legen die Zahlen 1 und 2 aus und geben die nötigen Erklärungen. Die restlichen Zahlen sollen von den Kindern in der richtigen Reihenfolge ausgelegt werden. Dabei entsteht ein Weg.
Die Kinder sollen nun von Zahl zu Zahl hüpfen und die Zahl benennen. Nachdem die Kinder diese Reihenfolge korrekt abgesprungen und vor allem korrekt benannt haben, bleiben sie bei der 20 stehen, spreizen die Beine und gehen rückwärts. Sie können dabei die Zahlen korrekt erkennen. (Bei Kindern, die im 10er-Raum noch Probleme haben, beschränken sich die Übungen auf der 10er-Bereich. Erst wenn der verinnerlicht wurde, kommen der 15er- und der 20er-Raum dazu).
Sie können in einem weiteren Schritt die Übung und das Rückwärtszählen an einer beliebigen Zahl beginnen. Als nächstes wird jeder zweite Zahlenteppich umgedreht, so dass nicht alle Zahlen zu sehen sind. Die Kinder sollen sich die fehlenden Zahlen mental vorstellen. Die Teppiche werden teils verdeckt, teils aufgedeckt abgelegt. So können die Kinder nicht alle Zahlen sehen. Durch den jeweiligen Teppich (Platz) können sie jedoch die Plätze der unterschiedlichen Zahlen erahnen. Die fehlenden Zahlen müssen sie sich mental (im Kopf) vorstellen. Dies hilft auch, den mentalen Zahlenstrahl aufzubauen und zu festigen. In einer späteren Phase können auch nur die Ziffern 1, 5, 10, 15 und 20 sichtbar sein.

Die Kinder sollen dann über den Zahlenweg laufen und alle Zahlen nennen (auch jene, die nicht sichtbar sind). Sie laufen vorwärts und rückwärts (mit gegrätschten Beinen) über den Zahlenweg.
Als nächstes können unterschiedliche Übungen am Zahlenweg gemacht werden. Die Kinder bekommen dazu unterschiedliche Aufträge.

- Suche eine bestimmte Zahl.
- Nenne jede zweite Zahl (dritte, vierte …).
- Gehe zur 7. Wenn du noch drei Schritte weitergehst: Auf welcher Zahl bist du dann?
- Laufe, bis ich Stopp sage. Wo bist du, welche Zahl befindet sich vor dir, welche Zahl ist hinter dir (Nachbarzahlen)?

Wie alle Lerninhalte müssen auch diese Übungen regelmäßig wiederholt werden, bevor die Kinder sie verinnerlicht haben. Dabei können die vorigen Übungen wiederholt werden.

Aufwärmübung „Wir fahren mit dem Aufzug“: Die Kinder legen die Hände auf die Knie. Sie fragen die Kinder, ob sie schon einmal mit einem Aufzug gefahren sind. Wenn vorhanden, können die Kinder den Aufzug in der Schule benutzen und beschreiben, was geschieht.
Als nächstes wird das Aufzugfahren in der Klasse mit der Hand simuliert. Bei jedem Stockwerk steigt die Hand um ein kleines Stückchen (besonders betonen!) nach oben bis ins 10. Stockwerk, später bis ins 20. Stockwerk. Oben angekommen muss der Lift wieder nach unten fahren. Die Hand rutscht immer ein kleines Stück nach unten.
Der Aufzug kann bei einer beliebigen Zahl beginnen z. B. bei der 8 oder 11, und bis zu einer bestimmten Zahl fahren und auch das Rückwärtszählen kann nominal begrenzt werden. Beim „Aufzugfahren“ wird die Zahlenreihe mental abgerufen. Diese Übung ist ein kurzer, sinnvoller Einstieg in die Mathestunde.

Ziffer-Symbole festigen: Die Zahlenkarten werden durcheinander auf dem Boden des Klassenzimmers verteilt.

- Sie oder ein Kind nennt eine Zahl, ein anderes Kind muss sich auf diese Zahl stellen.
- Die Kinder sollen die Zahlen der Reihe nach ablaufen und dabei die Zahlen benennen.
- Sie können auch die Zahlen vorwärts und rückwärts laufen. (Immer die Zahlen dabei laut benennen).
- Oder Sie legen die Zahlenkarten durcheinander in Kreisform an, diese Variante ist etwas übersichtlicher.

5.6 STELLENWERTVERSTÄNDNIS, ZEHNERÜBERGANG, ZEHNERUNTERSCHREITUNG

W. kommt am Ende des zweiten Schuljahres für einen Test in die Förderung. Bei einer Aufgabe soll er die betreffende Menge an Zahlenplättchen unter die notierte Zahl legen, unter die 12.

Seine Lösung sieht so aus: 1 2

Er legt unter den Zehner einen einzelnen Stein und unter die Einer zwei Steine. Seine Lösung macht deutlich, dass er das Konzept des Zehners nicht verstanden hat. Mit den folgenden Übungen kann ihm geholfen werden.

Stellenwertverständnis

Den Zahlenraum 10 bis 20 verstehen: Schüler*innen mit Schwierigkeiten beim Zehnerübergang/-unterschreitung sollten die Zahlenreihe aufwärts, abwärts und unterbrochen (aufwärts und abwärts) beherrschen, bevor sie die Zehnerüberschreitung lernen. Auch diese sollte gefestigt sein, bevor das Kind die Unterschreitung lernen sollte.

Eierkartons (Zehner/Einer): Als erstes müssen die Kinder verstehen, was der Zehner bedeutet. Die Kinder sollen versuchen, aus einer großen Anzahl von Eiern Gruppierungen zusammenfügen, um eine Übersicht zu bekommen. Dazu können Plastikeier und Eierkartons verwendet werden. Jeder gefüllte Karton enthält einen Zehner. Die Eier, die nicht in den Karton passen, werden Einer genannt. Sie werden einzeln gezählt (einer und noch einer …). Wichtig ist dabei, aufzuzeigen, dass 13 Eier aus einem Zehner plus 3 Eiern bestehen.

Zehnersystemsatz aus Holz: Nachdem die Eier die Einleitung zu den Zehnern dargestellt haben, kann auf Dienes-Material® (oder Zehnersystemsatz) zurückgegriffen werden. Es eignet sich besonders als Einleitung für das Stellenwertverständnis (Einer, Zehner, Hunderter). In einer ersten Phase können die Schüler*innen das Material entdecken: nur Zehner und Einer. Die Kinder sollen das Material frei erkunden und überlegen, warum das Material in der Mathematik nützlich sein könnte. Sie als Lehrkraft können dabei helfen. Ziel ist jedoch, dass die Kinder erkennen, dass eine Stange aus 10 Würfeln

besteht. (Selbst aktiv zu überlegen, ist ein wesentlicher Bestandteil des Verstehens, dafür müssen Sie dem Kind Zeit geben.)
Jedes Kind soll einen Zehner plus Einer bauen. Dann nennen Sie oder ein Kind eine Zahl zwischen 1 und 20 und die Schüler*innen legen diese Zahl mit Material aus. Das Spiel kann auch umgekehrt gespielt werden. Die Schüler*innen können Einer zu Zehnern zusammenlegen. Die Kinder sind meist ganz begeistert, dass man 10 Einer zu einem Zehner zusammensetzen kann. Später finden sie schnell heraus, wie sie Hunderter und Tausender zusammenbauen können.

Stellenwertkarten: Mit Stellenwertkarten kann ebenfalls sehr erfolgreich gearbeitet werden, damit Kinder begreifen, was Zehner bedeuten und wie die Zahlen über den 10er-Zahlenraum hinaus aufgebaut sind.
10 + 3 = 13, aber auch der umgekehrte Weg sollte geübt werden: 13 = 10 + 3. Dies fällt den Kindern oft besonders schwer. Die 3 (Einer) kann weggenommen werden und so erkennen die Kinder wieder den Zehner. Diese Übung kommt besonders bei Minusrechnungen und ihrer Zehnerunterschreitung nochmals zur Geltung.

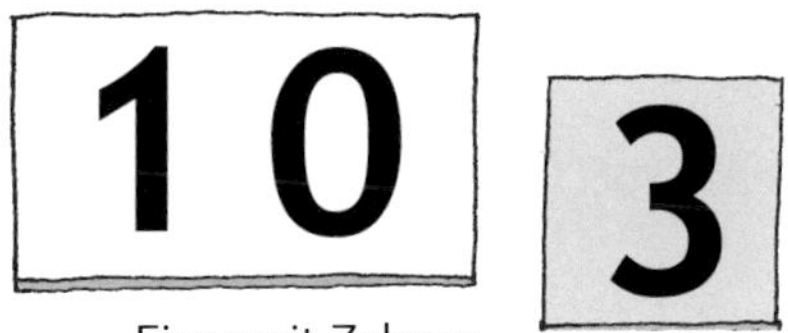

Einer mit Zehner

Zehnerübergang: Wenn das Kind eine Rechnung wie 8 + 5 = ? lösen soll, kann es dafür die Plastikeier und Eierkartons nutzen. Zuerst werden acht Eier in einen Karton gefüllt, dann müssen noch fünf Eier (die mit einem schwarzen Punkt gekennzeichnet sind) Platz finden. Zuerst füllen wir den Zehner (immer einen Karton) auf, in unserem Beispiel sind dies zwei Eier. Der Rest (Zahlzerlegung, also drei Eier) kommt in den zweiten Karton.

8 + 5 =
8 + 2   3
10 + 3 = 13

Zahlenstrahl: Am Zahlenstrahl kann sich das Kind mit der Frage beschäftigen: Wenn ich bei einer bestimmten Zahl (Lehrkraft oder anderes Kind nennt eine Zahl) 10 hinzufüge, was passiert dann? Was ändert sich dabei, der Einer oder der Zehner?
Die Kinder können zum besseren Verständnis ihr Stellenwertheft hinzunehmen.
Wenn dies sicher beherrscht wird, können die Kinder den Zehnerübergang auch mit anderen Zahlen in anderen Zehnerräumen üben (z. B. 18 + 5, später dann 28 + 5 usw.).

Variante: Einige Schüler*innen können mit einer anderen Methode den Zehnerübergang besser verstehen. Dies kann auch mit dem Zahlenstrahl geübt werden.

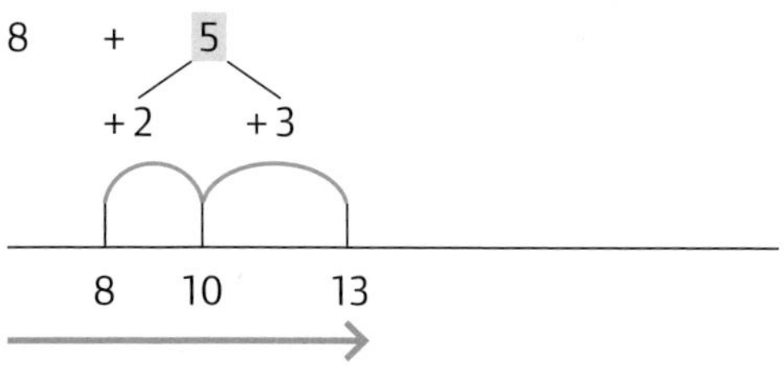

Zehnerunterschreitung

Auch hier müssen die Zahlenzerlegungen beherrscht werden. Vor den Minusrechnungen können Sie mit den Kindern auch die Zahlenreihe nochmals rückwärts am Zahlenstrahl üben. Später kann ohne Zahlenplatten, nur mental rückwärts gezählt oder die Übung „Aufzug" (Seite 75) durchgeführt werden. Um die Aufgabe noch weiter zu illustrieren, kann auch mit einem Seil und Plättchen, z. B. Kapla®-Hölzern, gearbeitet werden.

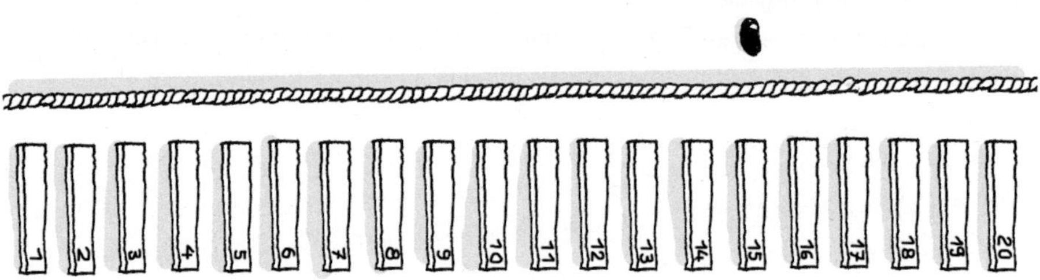

Die Stücke werden beschriftet (Einer schwarz, Zehner rot) und neben ein Seil gelegt. Ein Bleistift (oder Stein) kommt auf die Ausgangszahl. Bei einer Beispielrechnung 15 – 7 ist das die 15. Als erstes soll das Kind überlegen, wie weit es zurückspringen muss, um zum nächsten Zehner zu kommen.

In unserem Beispiel sind dies fünf Schritte. Wie viele müssen jetzt noch abgezählt werden? Zwei Schritte. Zur Illustration können Sie eine Bausteinstange mit sieben Bausteinen bereithalten, fünf Bausteine werden weggebrochen und zur 10 gelegt, wie viele bleiben übrig? Die Schüler*innen können die einzelnen Etappen auch springen.

Schriftlich kann dies folgendermaßen dargestellt werden:

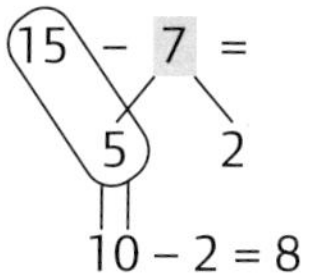

Variante am Zahlenstrahl:

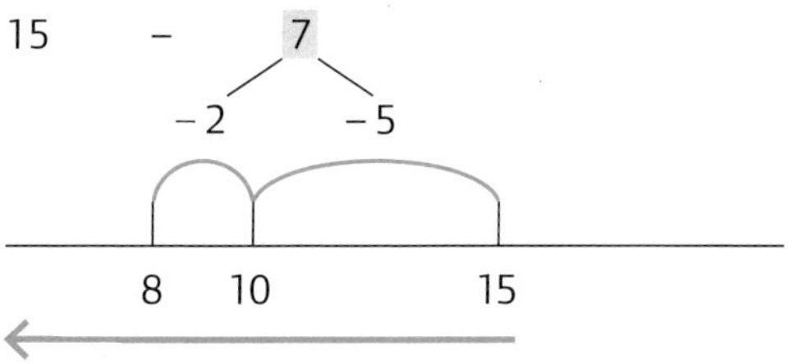

Name: Klasse: Datum:

Aufgabe 1:

Eine Zehnerreihe kannst du in viele Schritte aufteilen.
Ergänze zuerst die Zehnerreihe.

Zehnerreihe:

100
90
10

Aufgabe 2:

Bei Minus-Rechnungen zerlegst du die Zahl bis zum nächsten Zehner wie im Beispiel. Rechne dann die Aufgaben unten.

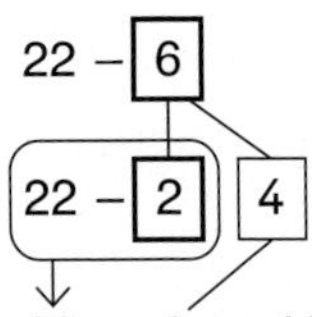

20 − 4 = 16 → Unterschreitung des Zehners!

24 − 8

32 − 7

5.7 RÄUMLICHE ORIENTIERUNG

Die räumliche Orientierung spielt im Mathematikunterricht in vielerlei Hinsicht eine große Rolle. Die Kinder brauchen sie, um

- sich auf einem Blatt zu orientieren (zum Zeichnen),
- Buchstaben, Wörter, Sätze in der richtigen Reihenfolge zu lesen (wo beginne ich mit dem Lesen? Wo ist oben/unten/links/rechts?)
- Buchstaben und Ziffern unterscheiden zu können (einige ähneln sich und unterscheiden sich nur durch ihre räumliche Lage: Pq bd WM 96 3E)

Natürlich spielt die räumliche Orientierung eine große Rolle in verschiedenen mathematischen Konzepten:

- Geometrie: Formen, Flächen, Umfang, Volumen, Längen, Symmetrie …
- Zeit: Uhr lesen …
- Zahlenraum, Stellenwerte, Zahlengrößen …

Förderung: Räumliche Orientierung

Damit Kinder sich im Raum orientieren können, brauchen sie viele Erfahrungen, die sie im Raum mit ihrem ganzen Körper gemacht haben. Diese Erfahrungen werden in den ersten Lebensjahren aufgebaut. Wenn es noch Probleme in diesem Bereich gibt, sollten die Kinder es nachholen können. Besonders Übungen in der Turnhalle oder am Klettergerüst oder im Wald können dabei helfen. Die Kinder können einen Hindernis- oder Kletterparcours ablaufen und dabei verbal beschreiben: über, unter, neben, rechts, links …

Auch den Körper selbst sollten die Kinder mit seiner rechten und linken Seite wahrnehmen und sie sollten sich im Raum organisieren können (z. B. unter einer Bank durchkrabbeln, ohne diese zu berühren). In diesen Bereich fallen ebenfalls Übungen aus dem Bereich der sensorischen Integration.

Nachdem der Raum grobmotorisch erlebt wurde, kann der Raum kleiner werden. Nutzen Sie Spiele, die den Schüler*innen erlauben, sich im Raum zu orientieren: Smart Games, Uniwürfel, Somawürfel, Gittertiere, Winkelplättchen, Parkettierungen, Muster erkennen und weiterführen, Übungen am Geobrett, um nur einige zu nennen. Beim Geobrett besteht neben den Übungen mit dem Gummiband auch die wichtige Etappe des Übertragens auf das Papier, was eine weitere, schwierigere Aufgabe darstellt.

5.8 ERSTE GEOMETRISCHE ERFAHRUNGEN

Auch bei den ersten Begegnungen mit Geometrie ist es wichtig, die Kinder viele Erfahrungen mit unterschiedlichen Materialien machen zu lassen:

- Formen suchen (im Raum, Wimmelbilder, überlappte Formen),
- Formen vergleichen (Ecken zählen, Größe, Lage),
- Formen basteln,
- Formen mit Seilen legen,
- kneten, malen,
- Spiele wie Quirkle® verbinden Matrix mit Formen und Farben,
- Origami (Formen falten),
- Tangram-Puzzle,
- Formen-Sudoku,
- Gegenstände und sich selber messen, Längen vergleichen,
- erste Erfahrungen mit Gewichten.

Bei allen Übungen sollte immer am Anfang der Körper stehen, so kann zuerst eine Wippe benutzt werden, um Gewichte zu vergleichen, dann erst kommt eine Waage zum Einsatz. Die Schüler*innen sollen die Gelegenheit haben, soviel und so oft wie möglich zu manipulieren, mit unterschiedlichen Materialien.

Dann werden Zahlen zu den Längen oder Gewichten hinzugefügt. Erst nach dem Manipulieren mit Zahlen sollten Sie Aufgaben auf Arbeitsblättern anbieten. Nutzen Sie anfangs noch konkrete Materialien, die sich die Schüler*innen vorstellen können, bevor schwierigere Aufgaben zu lösen sind.

Teil 6

RECHEN-SCHWIERIGKEITEN IM 100ER-ZAHLENRAUM

Z. (11 Jahre) soll an der Tafel 756 + 228 ausrechnen. Eigentlich kann sie dies sehr gut. Schaut man jedoch genau hin, erkennt man ein Problem.

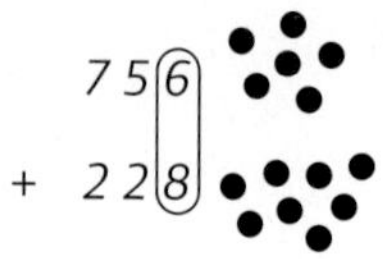

Sie soll 6 plus 8 rechnen. Sie weiß die Rechnung nicht auswendig und zeichnet sich Punkte auf. Nach dem Rechnen wischt sie diese weg, damit es ihr Lehrer nicht merkt. Für sie besteht ein Teil der Förderung darin, Rechnungen auswendig zu lernen.

Kopfrechenaufgaben rechnet Z. im Kopf in Form von Tafelrechnungen. Soll sie diese Aufgabe rechnen: 43 + 27, rechnet sie: 40 + 20, dann 3 + 7, dann 60 + 10 (wenn sie sich nicht auf halbem Weg verrechnet). Ihre Strategie belastet das Arbeitsgedächtnis. Zehnerübergänge/-unterschreitungen kann sie nicht korrekt ausrechnen.

Ihre Förderung besteht darin, korrekte Strategien zu lernen, die Zehnerübergänge/-unterschreitungen (Zerlegungen) auch in höheren Stellenwerten zu üben und an ihrem Stellenwertverständnis zu arbeiten.

6.1 ORIENTIERUNG IM ZAHLENRAUM BIS 100

In der zweiten Klasse wird der Zahlenraum bis 100 erweitert. Wie bereits erwähnt, sollten die Schüler*innen die Lerninhalte der ersten Klasse beherrschen (Zahlenraum bis 20), bevor neue Inhalte bearbeitet werden. Die Orientierung im Zahlenraum beruht auf der Erkenntnis, dass alle Zahlen in einem wiederkehrenden, aufbauenden Rhythmus alterniert werden. Beim Aufzählen wird mit der kleinsten Zahl begonnen. Die größte Zahl ist dabei die Mächtigste. Jede weitere Zahl erhöht die Menge um eine Einheit und wird immer mächtiger.

Laut Forschungen nutzt ein Großteil der Menschen einen linearen Zahlenstrahl mit einer Von-links-nach-rechts-Anordnung als mentalen Zahlenstrahl (vgl. Schneider, Küspert, Krajewski 2013, S. 45). Wenn zwei Zahlen miteinander verglichen werden sollen (z. B.: Welche ist größer?), wird der mentale Zahlenstrahl abgerufen. Dieser Vorgang läuft bei guten Rechner*innen unbewusst ab.

Voraussetzung für die korrekte Orientierung im Zahlenraum sind folgende Fähigkeiten:

- Mengenverständnis,
- Zahlensinn,
- Raumorientierung (sich selbst orientieren, Objekte einordnen ...),
- Respektierung der Schreibrichtung,
- Stellenwertverständnis,
- Größenverständnis,
- Serialität.

Förderung: Orientierung im Zahlenraum bis 100

Zahlenstrahl: Um den Kindern mit Rechenschwäche zu helfen, einen mentalen Zahlenstrahl zu bilden, sollten Sie möglichst regelmäßig entsprechende Übungen in den Unterricht einbauen. Hilfreich ist ein großer Zahlenstrahl in der Klasse, wie er im Fachhandel zu kaufen ist. Sie können ihn auch selbst herstellen und dafür Lastwagenplane, alte Tapeten- oder Papierrollen nutzen. Er sollte so groß sein und so angebracht werden, dass sich die Schüler*innen auf oder neben ihm bewegen können. Wenn die Kinder den Zahlenstrahl ablaufen, benennen sie vorhandene Zahlen. Sie definieren auch, was die großen und kleinen Striche (bei den Einern, Zehnern, den Fünferschritten ...) bedeuten. Unterschiedliche Übungen bieten sich an:

- Vorwärts laufen und stoppen: wo bin ich?
- Rückwärts gehen
- In verschiedengroßen Schritten gehen (10er, 20er ...)
- Zahlenkarten sortieren und an einem Blanko-Zahlenstrahl anordnen
- Sich exakt auf die Zahl stellen, die genannt wird, und angeben, wie viele Schritte es bis dahin sind (erst in Gedanken, später prüfen)
- Von einer Ausgangszahl aus 10, 20, ... hinzufügen und sich auf die neue Zahl stellen, dabei überlegen, was sich ändert (Zehner, Einer)

Später können die Schüler*innen auf Arbeitsblättern ihre Einteilungen selbst einzeichnen.

Rhythmusübungen: Viele Schüler*innen mit Rechenschwäche können auch den Rhythmus der Zahlenfolgen nur schwer erkennen. Deshalb sollten Sie regelmäßig Algorithmen oder Rhythmusübungen vorsehen. Nutzen Sie dazu am Anfang konkrete Materialien wie Glassteine oder Steckbausteine, planen Sie Bewegungen oder Geräusche mit ein. Danach können die Kinder Zahlen in einem bestimmten Rhythmus anordnen, z. B.

1 234 1 234 1 234 1 234 ...

578 578 578 578 ...

20 40 60 80 ...

15 25 35 45 ...

6.2 GRÖẞENVERSTÄNDNIS

Vielen Kindern fällt es schwer, zwei Zahlen miteinander zu vergleichen und zu bestimmen, welche der beiden größer ist. Das ist bei Zahlen, die nahe beieinander liegen, schwerer. Bei verbalen Zahlennennungen spielt das Verständnis des Stellenwertsystems eine große Rolle. Bei Vertauschungen der Einer und Zehner kann es zu Fehlern kommen. Die Fähigkeit, Zahlen miteinander zu vergleichen, ist sehr wichtig, z. B. beim Einkauf, wenn man an der Kasse das Wechselgeld prüfen will.

Förderung: Größenverständnis

Um den Schüler*innen zur Erkenntnis zu verhelfen, dass sich jede höhere Zahl um einen weiteren Einer erhöht, können Zehnersystemsätze hinzugezogen werden. Neben jede Zahl am Zahlenstrahl wird die Menge der angegebenen Zahl mit Einern und Zehnern ausgelegt. Sie können gemeinsam mit den Kindern die Unterschiede zwischen Nachbarzahlen untersuchen und feststellen, dass sich jede Menge um eine Einheit erhöht. Wenn alle Mengen dargelegt wurden, können die Schüler*innen alles besprechen, was ihnen auffällt. Dies sollten sie auch in ihr Lerntagebuch schreiben. Regen Sie die Reflektionen durch gezielte Fragen an:

- Welche Zahl ist größer als …
- Welche der beiden Zahlen x und y ist kleiner …
- Was ist der Unterschied zwischen 30 und 40 …
- Geh zur kleinsten Zahl, zur größten Zahl in dem Bereich von … bis …
- Wer ist größer: 53 oder 35? (Verständnis der Stelle ist für diese Aufgabe sehr wichtig)

Zu einem späteren Zeitpunkt können die Übungen ohne Material, aber mit einem (großen) Zahlenstrahl nochmals geübt werden. Der Vorteil des Zahlenstrahls liegt darin, dass kein Material mehr verwendet wird, jedoch hilft die Anordnung der Zahlen, das Konzept der Zahlengröße besser zu verstehen. Auf dem Zahlenstrahl befinden sich die Zehner in Form von Ziffern. Für jede andere Zahl gibt es einen kleinen Strich und jeder fünfte Strich ist etwas länger. Die Strichgröße hilft, sich am Zahlenstrahl zu orientieren und einzelnen Zahlen zu suchen. Dies sollte unbedingt über einen längeren Zeitraum geübt werden, bevor weitere Übungen folgen.
Wenn die Kinder die einzelnen Zahlen am Zahlenstrahl wiederfinden, können weitere Übungen zur den Zahlengrößen folgen:

- Nenne eine Zahl, die größer ist als …
- Welche Zahl ist größer: x oder y?

- Gehe zur kleinsten Zahl.
- Welche Zahl ist kleiner: x oder y? Regelmäßig sollen Schüler*innen dazu angeregt werden, Mengen zu schätzen, miteinander zu vergleichen. Anschließend werden die Mengen zur Kontrolle abgezählt. Wichtig ist dabei, überlegt vorzugehen. Wie können wir Mengen schnell abzählen, ohne viel Zeit zu verlieren? (Gruppierungen)

6.3 STELLENWERTVERSTÄNDNIS

Die im vorigen Kapitel beschriebenen Übungen mit den Plastikeiern können in einer Entdeckungsphase auch hier wieder benutzt werden, mit dem Unterschied, dass die Kinder Ordnung in 30 oder mehr Eier bringen sollen. Jeder Karton beinhaltet 10 Eier und stellt damit einen Zehner dar (zehn Eier = ein Zehner). Die Schüler*innen sollen eine bestimmte Anzahl von Eiern in Zehner und Einer klassifizieren. Sie notieren sich, wie viele Zehner sie gefüllt haben und wie viele Einer übrig bleiben. Im Anschluss wird die gesamte Zahl notiert.

Beispiel: 8 Zehner und 5 Einer = ?

Z	E
8	5

= 85

Eine andere Aufgabe besteht darin, dass die Kinder sagen sollen, wie bestimmte Zahlen zusammengesetzt sind: z. B. 17 (= 1 Zehner und 7 Einer). Einfache Rechnungen können folgen: 10 + 7 = ?

Eine besondere Hürde ist das Lesen einer Zahl, da im Deutschen die Zahlen in einer anderen Reihenfolge geschrieben als gesprochen werden. Beim Lesen der Zahl 56 wird die 6 als erste genannt, jedoch die 5 als erste geschrieben. Dies bereitet vielen Kindern Schwierigkeiten. Hilfe bieten die Übungen im Stellenwertheft und mit dem Dienes-Material (siehe Seite 27) sowie mit den Stellenwertkarten (siehe Seite 77).

Die Schüler*innen müssen be-greifen, dass Einer in einem bestimmten Rhythmus von 1 bis 9 wiederkommen und die Zahl sich jeweils um eine Einheit erhöht. Fügt sich nach neun Einern noch ein weiterer hinzu, ergibt es einen Zehner und null Einer. Dies kann leicht visualisiert werden: Den Schüler*innen liegt dabei eine laminierte Tabelle vor, auf der sie mit Zahlenplättchen oder Muggelsteinen verschiedene Zahlen legen sollen: Soll ein Einer einer Menge von 9 hinzugefügt werden, befinden sich 10 Einer in der entsprechenden Spalte. Die zehn Einer verwandeln sich in 1 Zehner und werden aus der Einerspalte gestrichen.

Z	E
	●●● ●●● ●●● + ●
	9 + 1

↓

Z	E
●	
1	0

= 10 Ein Zehner besteht aus zehn Einern.

Die Schüler*innen müssen verstehen, was ein Zehner bedeutet. Kinder mit einer Rechenschwäche haben Probleme, dies zu erkennen.

Eine andere Variante besteht darin, den Kindern bestimmte Zehner und Einer zu diktieren: „Gib mir fünf Zehner und drei Einer." Die Schüler*innen sollen die Zehner und Einer nach dem Schema wie oben in die Tabelle einzeichnen und die Zahl notieren.

Z	E
○○○○○	○○○
5	3

= 53

Spannend wird die Aufgabe, wenn eine weitere Aufgabe erfolgt: Was passiert, wenn wir jetzt noch sieben Einer dazulegen?

Z	E
○○○○○	○○○ + ○○○○○ ○○

53 + 7 =

↓

= ______

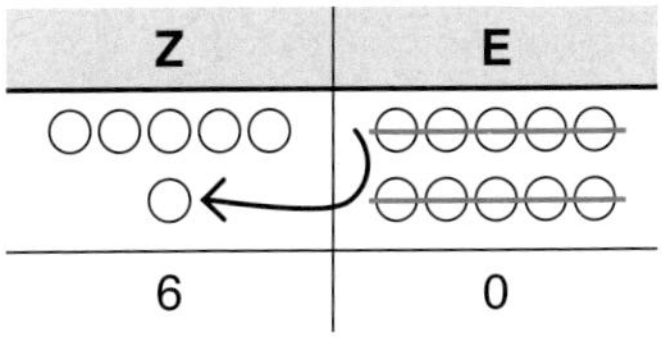

= 60

Nach dem gleichen Prinzip können auch Einer weggenommen werden.

In der Praxis hat es sich als sehr hilfreich erwiesen, die Kinder Rechengeschichten erfinden zu lassen. Entweder Sie geben den Schüler*innen die Rechnungen vor (fünf Zehner und sechs Einer bekommen noch einen Zehner dazu) oder das Kind erfindet seine Aufgaben selbst, eventuell mit einer Ausgangszahl. Diese Zahl muss es dann noch in Zehner und Einer unterteilen.

6.4 DIE VERDOPPLUNG

Eine Menge verdoppeln ist der erste Schritt in Richtung Multiplikation. Das Verständnis dafür kann auch eine Strategie bei Multiplikationsaufgaben sein, wenn eine Aufgabe nicht automatisiert abgerufen werden kann. Die Strategien zur Multiplikation werden später (siehe S. 91) thematisiert.

Eine wertvolle Hilfe bei den ersten Schritten zum Verständnis der Verdopplung ist der Spiegel. Die Schüler*innen legen eine bestimmte Anzahl von Zahlenplättchen auf den Tisch und halten einen Spiegel davor. Sie beschreiben ihre Beobachtungen und notieren sie in ihrem Lerntagebuch. Sie sollen möglichst viel mit dem Material üben und experimentieren können. Alle Erkenntnisse werden aufgeschrieben.

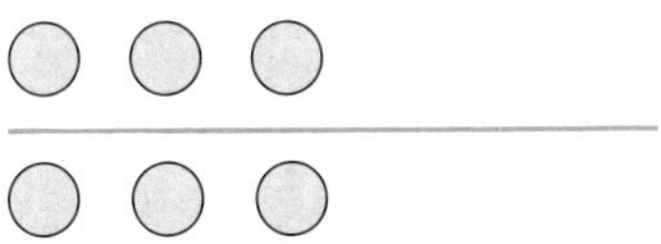

Die Kinder können auch Gegenstände vor den Spiegel legen und sich Rechengeschichten ausdenken. Das Malen von Rechenaufgaben kann eine wertvolle Alternative sein. Rechengeschichten helfen den Kindern, die abstrakte Mathematik in konkrete Elemente umzuwandeln, und bereiten auf spätere Sachaufgaben vor.

In einem nächsten Schritt legen die Kinder eine Menge an Zahlenplättchen aus und sollen rechnen, wie viele Plättchen zu sehen sein werden, wenn der Spiegel dazu kommt.

Sie sollen überlegen, mit welchen Strategien sie zu dem Ergebnis kommen können. Erst nachdem sie eine Antwort gegeben haben, wird tatsächlich ein Spiegel hinzugezogen. Nachdem die Schüler*innen viel experimentieren konnten, können Sie zum nächsten Schritt kommen und Zahlensymbole statt Materialien verwenden:

5	10	8	13

Die Kinder sollen in der Tabelle jeweils die doppelte Anzahl eintragen. In einer ersten Phase können sie auch die Gegenprobe mit Zahlenplättchen machen.

Nachdem das Verständnis für die Verdopplung erlangt wurde, können Sie zur Automatisierung übergehen. Geben Sie den Kindern viele Möglichkeiten zur Wiederholung.

6.5 DIE HÄLFTE

Das Halbieren ist ein wichtiger Schritt zur Vorbereitung auf die Division und in diesem Bereich eine hilfreiche Strategie, wenn Ergebnisse nicht automatisiert abgerufen werden können. Legen Sie eine gerade Anzahl von Plättchen aus. Dann bitten Sie ein Kind, diese Plättchen zwischen ihnen aufzuteilen. Das Kind verteilt ein Plättchen nach dem anderen. Sie loben und bitten das Kind darum, noch weitere Möglichkeiten auszuprobieren, um eine Menge in zwei Hälften zu teilen, ohne jedes Plättchen einzeln zu legen.

Der Schüler M. ist 11 Jahre alt und verteilt immer jeweils zwei Plättchen. Erst später lernt er, dass er auch größere Mengen gruppieren und verteilen kann.

Legen Sie nun unterschiedliche Mengen aus, so dass die Schüler*innen möglichst viele Gelegenheiten zum Halbieren bekommen. Als konkrete Visualisierung können die Zahlenplättchen auch Kühe darstellen, die auf zwei Wiesen verteilt werden sollen. Improvisieren Sie mit Stiften o.Ä. zwei abgezäunte Wiesen, um diese Abtrennung sichtbar zu machen. Vielen Schüler*innen fällt es leichter, mathematische Aufgaben an konkreten Hintergründen zu lösen.

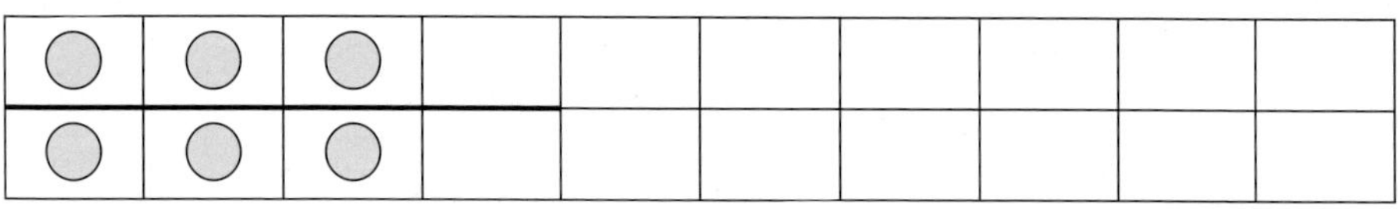

In einem nächsten Schritt erhalten die Schüler*innen ein laminiertes Zwanzigerfeld mit eingezeichneten Zahlenplättchen. Die Kinder sollen nun das Feld in zwei Hälften aufteilen. Sie sollen überlegen, wie Mathematiker*innen dies notieren würden. Auch dazu können von den Kindern Rechengeschichten erfunden werden. Dieser Schritt hilft, das Konzept des Teilens besser zu verstehen, und kann auf spätere Sachaufgaben vorbereiten. Die Kinder notieren sich alles, was sie gelernt haben, in ihrem Lerntagebuch.

Nachdem die Schüler*innen das Prinzip des Halbierens verstanden haben, können sie mit Zahlen in Tabellen arbeiten.

6	8	12	10

Nach dem Ausfüllen der Tabellen können Sie auch die Gegenprobe zeigen, damit die Kinder ihre Ergebnisse selber kontrollieren und korrigieren können (2 × 3). Nachdem das Verständnis der Halbierung erlangt wurde, sollte zur Automatisierung übergegangen werden. Dazu sollten die Kinder möglichst viele Gelegenheiten zur Wiederholung bekommen.

6.6 MULTIPLIKATIONSAUFGABEN

Ein guter Einstieg in Multiplikationsaufgaben ist immer, den Kindern eine alltägliche Situation als Aufgabe zu stellen. Zum einen ergibt sich der Sinn der Aufgabe so von selbst und zum anderen hilft das aktive Nachdenken in der Klasse, Lösungen zu suchen. Rezepte oder Einkäufe bieten sich an und können den Kindern aufzeigen, dass mathematische Kenntnisse nicht nur für die Schule, sondern auch im wahren Leben wichtig sind.

Als Beispiel können Sie diese Situation vorstellen: Wir wollen vier Muffins belegen. Auf jedes Muffin kommen zwei schwarze Schokodrops, drei Zuckerperlen, zwei Schokoherzen und vier weiße Schokodrops. Wie viele einzelne Zutaten brauchen wir für vier Kinder?

Die Kinder sollen Überlegungen anstellen, wie diese Rechnungen einfacher gestaltet werden können. Verdopplungen können eine erste Hilfe sein.

Förderung: Multiplikationsaufgaben

Das Hunderterfeld, das in vielen Schulen verwendet wird, erleichtert es den Kindern, den Zahlenraum bis 100 zu erfassen. Es hilft dabei, eine Mengenvorstellung zu entwickeln und sich Malaufgaben besser vorstellen und somit besser verstehen zu können.
Sie können ein vergrößertes Hunderterfeld mit zwei Pappstückchen abdecken, um den Kindern auf diese Weise die Multiplikationsaufgaben vorzugeben. Spielen Sie die Aufgaben zuerst mit Material gemeinsam mit den Kindern nach, bevor die Schüler*innen selbstständig mit einem Arbeitsblatt arbeiten (siehe Kopiervorlagen auf Seite 94/95).
Der Vorteil liegt darin, dass die Kinder sich die Menge anschauen und verstehen können, bevor sie zum nächsten Schritt, dem Rechnen nur mit Zahlen, übergehen. Der letzte Schritt ist dann das Auswendiglernen des Einmaleins.
Eine zusätzliche Einsatzmöglichkeit der Kopiervorlagen sieht so aus: Sie schneiden die Kästchen mit den Malrechnungen aus und laminieren sie. Zwei Kinder spielen miteinander. Die Karten liegen verdeckt vor ihnen. Das erste Kind zieht eine Karte, schaut sie sich an und nennt die Malaufgabe (z. B. 2 × 9). Wenn das zweite Kind das richtige Resultat nennt, bekommt es die Karte und darf die nächste Karte ziehen. Wer am Ende die meisten Karten hat, gewinnt.

Schüler*innen können sich beim Multiplizieren, wie bereits erwähnt, dabei helfen, indem sie Mengen so oft hinzuzählen, wie die Rechnung es verlangt. Diese Stufe der Entwicklung sollte so oft wiederholt werden, bis es verstanden wurde. Als nächstes sollten die Kinder überlegen, wie die Rechnung einfacher, schneller und sicherer zu bewältigen ist. Die Nutzung von Strategien, Rechenkonferenzen und der Austausch und die Bewertung der benutzten Rechenwege können den Schüler*innen weiterhelfen.

Eine wichtige Strategie ist immer, von dem Bekannten auszugehen. Dabei kann das Verdoppeln (**2er-Reihe**) und Halbieren ein erster Schritt sein. Einfach zu errechnen ist die **10er-Reihe** (einfach eine Null hinzu = Zehner = Zehnerreihe). Das Stellenwertverständnis wird für diese Aufgabe benötigt. Wenn auch diese Aufgabe verstanden wurde, können Sie die **5er-Reihe** einführen (halbieren der 10er-Reihe). In der 5er-Reihe kommen nur Zahlen mit einer 5 oder Zehner vor (Kraft der 5, Kraft der 10).

Wenn Schüler*innen die **3er-Reihe** nicht auswendig kennen, geben viele schnell auf („ich weiß das nicht"). Als Lehrkraft müssen Sie die Kinder immer wieder ermutigen, auf ihr Wissen zurückzugreifen: Viele kennen die Verdopplung oder die Ergebnisse der **2er-Reihe**. Sie sollen also die gesuchte Menge mal 2 rechnen und anschließend brauchen sie nur noch ein drittes Mal die Menge hinzuzufügen, um das Resultat zu finden:

3 × 4 (ich kenne 2 × 4 = 8 und addiere noch einmal 4 hinzu. So rechne ich 3 × 4.)

Die **4er-Reihe** kann auf unterschiedliche Weise gelöst werden:
2-mal verdoppeln (4 × 2 = 2 × 2 + 2 × 2 = 4 + 4 = 8) oder 5er-Reihe minus einmal die Menge (5 × 2 = 10 und 10 – 2 = 8, also ist 4 × 2 = 8).

Die **6er-Reihe** kann wieder mit der 5er-Reihe plus einmal die Menge errechnet werden.

Die **7er-Reihe** kann unterschiedlich gelöst werden: mit der Umkehraufgabe (statt 7 × 3 rechnen wir 3 × 7) oder mit Hilfe der 5er-Reihe plus Verdopplung (7 × 3: 5 × 3 = 15 + 2 × 3 = 6 und 15 + 6 = 21).

Für die **8er-Reihe** nutzen wir die 10er-Reihe minus 2 mal die Menge (10 × 2 = 20; 2 × 2 = 4; 20 – 4 = 16).

Die **9er-Reihe** ist einfach mit der 10er-Reihe minus einmal die bekannte Menge zu lösen (9 × 2: 10 × 2 = 20; 1 × 2 = 2 und 20 – 2 = 18).

Die Beschäftigung mit Strategien ist ein wichtiger Prozess und sollte gut verstanden werden. Wie bei allen Aufgaben sollten die Schüler*innen die Zahlen genau und bewusst betrachten (Stellenwert, Teil-Ganzes) und nachdenken, bevor sie beginnen. Strategien sollten bewusst genutzt werden, falls die Rechnung nicht automatisiert abgerufen werden kann. Wichtig ist, dass die Kinder diese Strategien lernen, um zu vermeiden, dass unsinnige Rechnungen zustanden kommen (z. B. 2 × 8 = 2 + 2 + 2 + 2 + 2 + 2 + 2 + 2 = 16).

Nachdem das Verständnis und die Strategien bearbeitet wurden, können die Schüler das Einmaleins auswendig lernen.

Die Schülerin H. hat sich in der Förderung zu jeder Zahl alle Möglichkeiten des kleinen Einmaleins aufgeschrieben (jeweils eine Aufgabe auf eine Karte, die Antwort hat sie auf die Rückseite geschrieben). Die Karteikarten bewahrt sie in einem unterteilten Plastikkasten auf. Schwierige Aufgaben nimmt sie zum Üben mit nach Hause. H. ist begeistert bei der Sache, um ihren Multiplikations-Werkzeugkasten immer weiter zu füllen.

Kopiervorlage Multiplikationsaufgaben mit dem Hunderterfeld (1)

Name: Klasse: Datum:

Aufgabe: Welche Malaufgabe gehört zu jedem Feld?
Schreibe die Malaufgabe darunter und rechne sie aus.

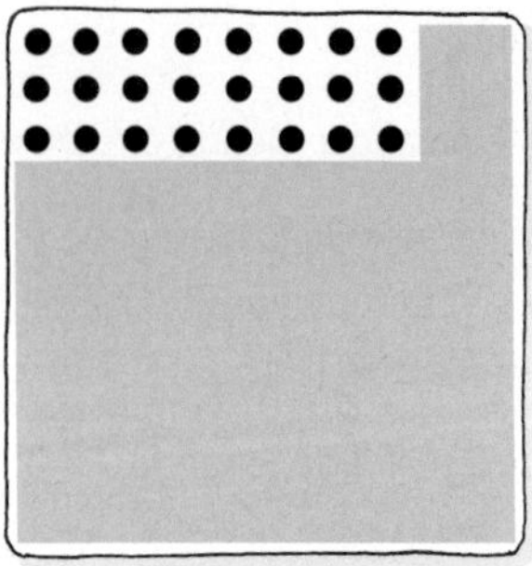

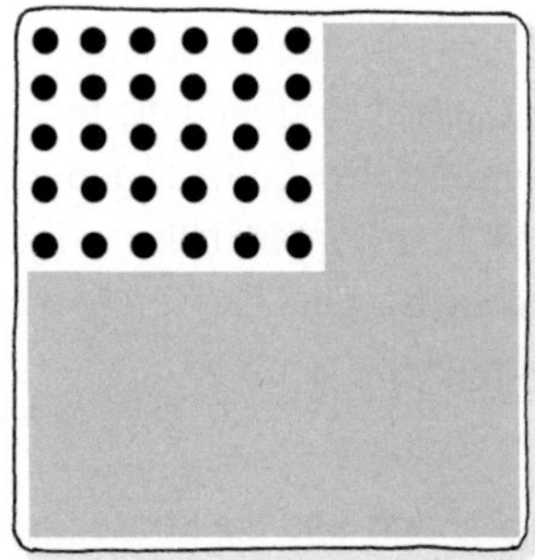

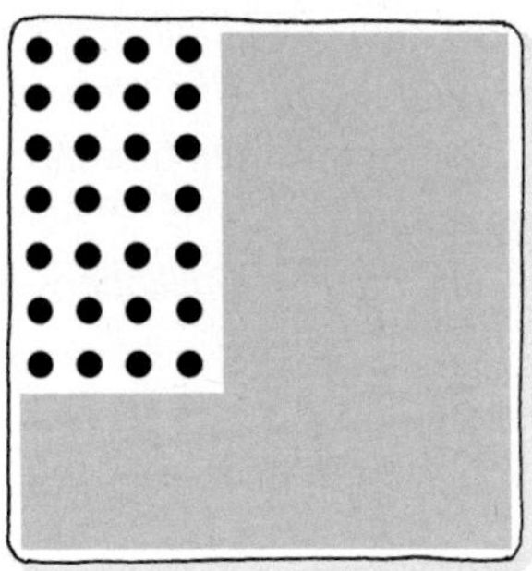

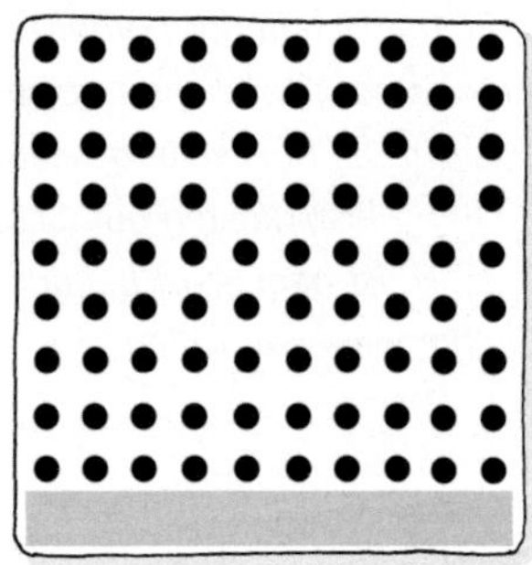

Kopiervorlage Multiplikationsaufgaben mit dem Hunderterfeld (2)

Name:	Klasse:	Datum:

Aufgabe: Welche Malaufgabe gehört zu jedem Feld?
Schreibe die Malaufgabe darunter und rechne sie aus.

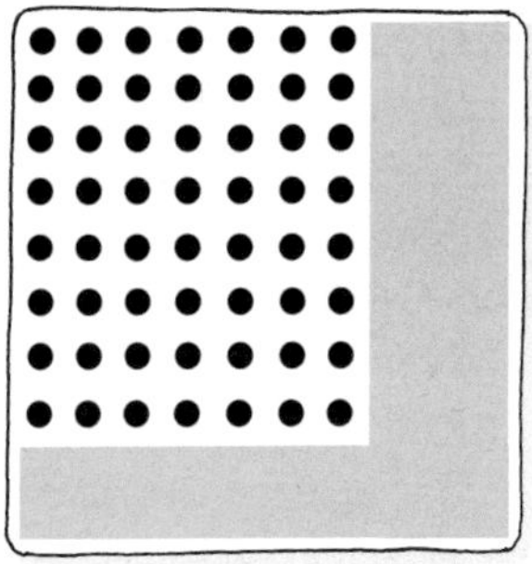

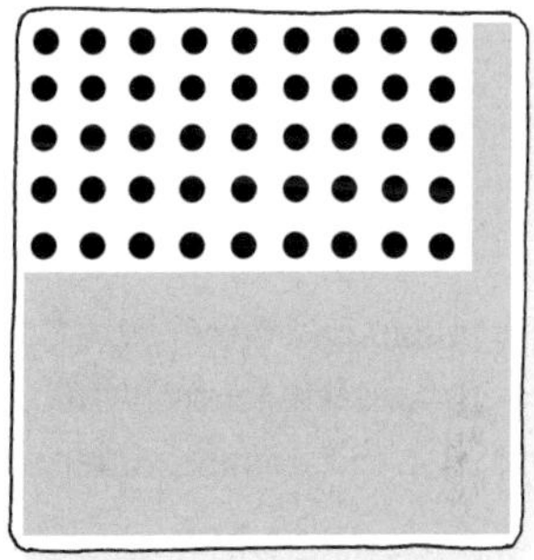

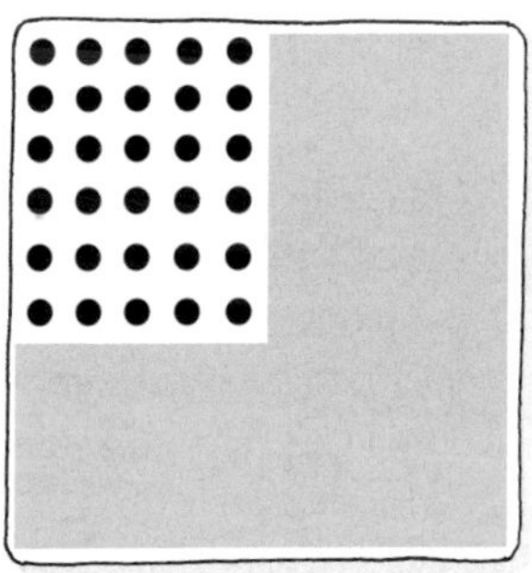

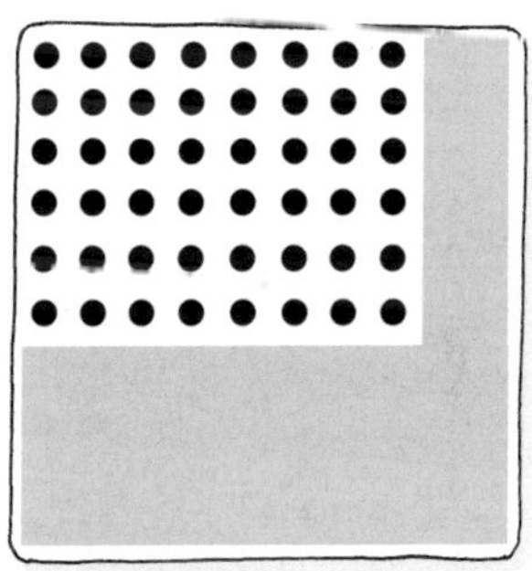

6.7 DIVISIONSAUFGABEN

Die Division können sich Kinder schlecht vorstellen. Sie ist sehr abstrakt und viel schwieriger zu erklären als die Multiplikation. Führen Sie sie erst ein, wenn die Schüler*innen das Einmaleins gut beherrschen. Planen Sie viel Zeit für Manipulationen ein. Glassteine und Zahlenplättchen können auch aufgeteilt werden. Am Anfang werden die Schüler*innen sicherlich einzeln aufteilen (eins für dich, eins für mich). Nach einigen Durchgängen könnten Sie die Frage stellen, wie schneller geteilt werden könnte. Vielleicht schlagen die Schüler Zweiergruppen vor (zwei für dich, zwei für mich). Regen Sie die Schüler*innen zu neuen Hypothesen an. Anschließend kann unter vier, sechs oder mehreren Kindern geteilt werden. Es können aber auch Rechengeschichten erfunden werden, z. B. nach dem Beispiel des Bauern, der acht Möhren unter vier Hasen aufteilen soll. Eine ebenfalls motivierende Rechnung ist die mit einem Schokoriegel:

- Wie viele Teile hat ein Riegel?
- Wie kann man das schnell ausrechnen (Malrechnung)?
- Wie kann eine Schokolade unter vier Kindern aufgeteilt werden?

Die Schokolade hat zudem den Vorteil, dass sich die Schüler*innen im Anschluss die Mathematik gut schmecken lassen können. So können Sie zeigen, dass Mathe auch Spaß machen kann.
Die Schüler*innen haben im Vorfeld bereits übers Halbieren gesprochen. Erinnern Sie an diese Strategie, wenn die Schüler nicht selber daran denken. Gemeinsam können solche Aufgaben gelöst und mit Materialien überprüft werden.

Als nächstes sollen die Kinder ihr Augenmerk auf die Multiplikation richten. Wichtig ist, sie zum Nachdenken anzuregen, zum aktiven Überlegen, Experimentieren (mit Material selber kontrollieren und eventuell korrigieren). Das Explorieren braucht Zeit, deshalb sollten Sie diese auch gewähren. Was verstanden und selbst erfahren wurde, wird auch den Schüler*innen langfristig im Gedächtnis bleiben.

Förderung: Division

Was ist die Hälfte von 4? Sie als Lehrkraft notieren die Rechnung $2 \times 2 = 4$ und erklären die Symbole. Erläutern Sie (falls die Kinder es nicht selber herausfinden), dass die Hälfte das gleiche Ergebnis hat wie die Aufgabe $4 : 2$. Anschließend rechnen die Kinder Aufgaben mit geteilt durch 2.
Der nächste, logische Schritt sind Geteilt-Rechnungen durch 10. Wenn die Schüler*innen das Stellenwertsystem verstanden haben, fallen diese Rechnungen leicht (eine Null kommt weg).

Um Divisionsaufgaben korrekt zu errechnen, müssen die Kinder das Einmaleins sehr gut beherrschen. Wiederholen Sie es auf jeden Fall noch mal, z. B. in einem Spiel zum schnellen Benennen des kleinen Einmaleins. Auch Umtauschaufgaben sollten bereits bekannt sein. Das Kind sollte wissen, wie es welche Rechnungen in die eine und in die andere Richtung errechnen kann. Vielleicht können die Schüler*innen die Umtauschaufgaben selber aufstellen?
8 × 5 = 40; Umkehraufgabe 40 : 8 = 5; 40 : 5 = 8 (bei Schwierigkeiten schreiben Sie die Zahlen auf die beiden Hände, beim Überkreuzen der Hände kommt bei Einmaleinsaufgaben immer das gleiche Ergebnis heraus).
Die Kinder können Karteikärtchen herstellen und sie in einem Karteikasten sortieren nach geteilt durch 2, durch 3 usw. Es ist auch möglich, einen Divisions-Werkzeugkasten herzustellen. Dabei können die Zettel aus unserem Mal-Werkzeugkasten erneut benutzt werden. Diesmal werden die Karten umgedreht, so dass die Ergebnisse sichtbar werden. Die Kinder sollen überlegen, wie die Ergebnisse geteilt werden können, z. B. 40 kann ich durch 4 oder 10 teilen. Die Karteikarten können neu aufgeteilt und klassifiziert werden. (Es können mehrere Karten mit den gleichen Resultaten beschrieben werden.)

6.8 KOPFRECHNEN

Um den Schüler*innen den Übergang zum Kopfrechnen zu erleichtern, planen Sie nach dem Verständnis der Addition, Subtraktion, Multiplikation und Division jeweils eine längere Phase des automatisierten Abrufs ein. Es ist viel leichter, wenn das Kind 3 + 6 automatisch abrufen kann, als wenn es noch mühselig überlegen muss. Besonders die Schüler*innen mit einem schwächeren Gedächtnis brauchen häufig und regelmäßige Wiederholungen.

Die Schüler*innen sollten die Aufgaben immer bewusst machen und überlegen, welchen Rechenweg sie benutzen. Gemeinsam können die Rechenwege der einzelnen Kinder miteinander verglichen werden. Welcher Weg ist sicherer, effektiver und am kürzesten? Das Verbalisieren („Ich nehme vier, behalte fünf …") spielt beim gesamten Lernprozess eine wesentliche Rolle. Zum einen hilft es den Kindern, die eigenen Gedanken zu strukturieren, Muster zu erkennen und Strategien zu entwickeln, zum anderen hilft das Verbalisieren Ihnen dabei, die Fehler der Schüler*innen zu verstehen und entsprechende Maßnahmen in die Wege zu leiten.

Der Übergang zum Kopfrechnen fällt vielen Schüler*innen nicht leicht, dabei spielen verschiedene Stolpersteine eine Rolle: Viele greifen auf „zählendes Rechnen" zurück.

Der Nachteil dabei ist, dass es nur begrenzt möglich ist, so zu rechnen, dass es viel Zeit, Energie und Konzentration raubt und fehlerbehaftet ist.
Einigen Schüler*innen fällt Kopfrechnen besonders schwer, weil sie eine Schwäche beim Abruf aus dem Langzeitgedächtnis haben. Diesen Kindern kann (anfangs!) das Benutzen der Finger helfen oder sie nutzen Ableitstrategien. Das geht nur, wenn sie die Strategien verstehen und wissen, wann sie welche Strategien einsetzen können. Rechenkonferenzen und regelmäßiges Üben der Strategien im Unterricht sind dabei von großem Nutzen.
Beim Kopfrechnen spielen auch das Arbeitsgedächtnis und die phonologische Schleife eine wichtige Rolle. Die Schüler*innen müssen sich Zwischenresultate merken und wieder abrufen können. Auch hier gibt es einige Kinder, denen dies nicht so gut gelingt.
Alle vorher gelernten Fähigkeiten wie das Stellenwertsystem, die Orientierung im Zahlenraum, die Operationsfähigkeit usw. müssen verstanden und effektiv genutzt werden, damit die Kinder zu einem korrekten Ergebnis kommen können.

6.9 SACHAUFGABEN

Rechengeschichten erlauben es den Schüler*innen, für sie abstrakte Operationen konkreter zu machen, z. B.: Oma gibt dir zwei Bonbons und Opa gibt noch eins hinzu; wie viele Bonbons hast du? Rechengeschichten und Sachaufgaben sind sehr eng miteinander verknüpft. Komplexe Sachaufgaben stellen eine sehr hohe Herausforderung für das Kind dar. Die bestehenden Operationsschwierigkeiten bleiben auch bei den Sachaufgaben bestehen. Hinzu kommen weitere Schwierigkeiten in diesen Bereichen:

Leseverständnis: Einige Kinder mit Rechenschwäche zeigen auch Probleme beim Lesen und beim Leseverständnis. Einige weisen eine Dyslexie vor. Für diese Kinder sollte der Text unbedingt sprachlich entlastet werden. Es sollte ein einfacher Text sein.

Komplexität: Bei den rechenschwachen Schüler*innen sollten Sie unbedingt in Punkto Sachaufgabe differenziert arbeiten. Eine Aufgabe sollte teilschrittig aufgestellt sein, z. B. durch Zwischenfragen, die das Kind beantworten muss. Dadurch bekommt es konkrete Hinweise, die das Erfassen des Rechenweges vereinfachen. Schwache Schüler*innen können Ihnen die Aufgabe in eigenen Worten erklären. Dies hilft auch, die Aufgabe zu strukturieren und klarer zu erkennen. Sie können auch zu der Aufgabe etwas aufmalen bzw. eine Skizze anfertigen.

Lesegenauigkeit: Die Kinder brauchen Zeit, um den Text durchzulesen und genau zu verstehen. Nur durch genaues Lesen erkennt das Kind, welche Operationen überhaupt getätigt werden müssen. Viele Schüler*innen sind gleich entmutigt, wenn es darum geht, eine Sachaufgabe zu lösen, so dass sie vor Angst nicht mehr genau hinsehen und oft eine Misserfolgserwartung haben.

Wichtiges von Unwichtigem unterscheiden: Um wichtige Informationen herauszulesen und zu erkennen, können passende Strategien in der Klasse erlernt werden. Eine Strategie ist, sich relevante Zahlen zu unterstreichen und herauszuschreiben (Was weiß ich, was will ich wissen, wie muss ich vorgehen).

Logisches Denken: Sich den Sachverhalt vorstellen zu können, beruht oft auf Lebenserfahrung. Wenn ich ausrechnen soll, wie lange ich auf einen Zug warten muss, und noch nie mit dem Zug gefahren bin, ist es viel schwieriger, als wenn ich dies schon häufiger erlebt habe.

Operationen: Die Schüler*innen müssen bei einer Sachaufgabe überlegen, welche Operationen getätigt werden müssen. Dies setzt Operationsverständnis und Rechenfähigkeiten voraus. Operationen sollten auch überprüft werden.

Fachvokabular: Mathematik hat ein eigenes Vokabular, das in der Schule gelernt werden sollte. Einige Kinder können nicht erklären, was Addition usw. bedeutet. Folglich können sie keine korrekten Rechenwege überlegen.

N. ist 11 Jahre, sie kann weder erklären, was addieren oder subtrahieren noch was plus und minus bedeuten. In der Förderung wird jede Woche ein Bereich beleuchtet. Sie soll überlegen, wie eine einfache Plusrechnung gezeichnet werden könnte (sie malt dazu zwei Äpfel und drei kommen noch dazu). Sie soll anschließend die Illustration in Signalwörter fassen, aus der gemeinsam mit der Lehrerin eine Mindmap erstellt wird. Auch soll sie eigene Sachaufgaben notieren, wobei als Antwort eine Plusrechnung entstehen soll. Anschließend soll sie fertige Sachaufgaben lösen. Alle Fachbegriffe werden notiert und erklärt.
Nachdem sie auf diese Weise die Operationszeichen und das zugehörige Vokabular erarbeitet hat, muss sie alle Wörter der vier Operationsarten klassifizieren.

Oftmals müssen bei komplexen Sachaufgaben mehrere Teilrechnungen ausgeführt werden, bevor man zu einem Ergebnis kommen kann. Vielen Kindern fällt dies schwer. Es empfiehlt sich, einige Sachaufgabenmuster in der Klasse in Rechenkonferenzen gemeinsam zu lösen. Dabei werden alle Denkschritte ausgesprochen. Diese können von Schüler*innen auf einem Plakat notiert bzw. als Checklisten verteilt werden. Die Kinder können hier die erledigten Punkte abhaken. Eine Checkliste finden Sie als Kopiervorlage auf S. 100.

Kopiervorlage Checkliste – Strategien für Sachaufgaben

Name:	Klasse:	Datum:

Sachaufgaben knacken Schritt für Schritt	Erledigt? Dann hier abhaken ✓
1. Ich lese die Aufgabe ganz **GENAU**.	
2. Was soll ich herausfinden? Was ist die Frage?	
3. Was ist wichtig? Wichtiges unterstreichen.	
4. Komme ich mit einer Rechnung zum richtigen Ergebnis?	

Ja, weiter zum nächsten Schritt.	Nein, ich muss mehrere Rechnungen machen. Welche?
	In welcher Reihenfolge muss ich vorgehen? Als erstes rechne ich ________________ Dann ________________

5. Muss ich plus, minus, mal oder geteilt rechnen?	
6. Ich lese die Angaben noch einmal. Bin ich auf dem richtigen Weg?	
7. Ich rechne die Aufgabe aus.	
8. Ich prüfe mein Ergebnis durch die Gegenprobe oder durch Runden.	
9. Ich schreibe die Antwort auf und achte dabei auf meinen Satzbau und auf die richtige Rechtschreibung.	

Teil 7

RECHEN-SCHWIERIGKEITEN IM 1000ER-ZAHLENRAUM

7.1 ORIENTIERUNGSLOSIGKEIT IM ZAHLENRAUM BIS 1000

In der dritten Klasse wird der Zahlenraum bis Tausend erweitert. Wie in allen mathematischen Bereichen sollten die Kinder den Lernstoff der vorigen Klassen beherrschen, bevor neue Lerninhalte hinzukommen. So muss auch der Zahlenraum bis 100 verstanden worden sein, bevor der Tausenderbereich erfasst werden kann.

Während der 20er- und 100er-Zahlenraum noch gut mit Zahlenreihe oder Zahlenstrahl fühlbar gemacht werden kann, erweist sich der Tausenderraum als abstrakter. Dem können Sie mit Tausenderbüchern oder Tausenderwürfeln entgegenwirken. Trotzdem fällt es Kindern mit Rechenschwierigkeiten schwer, sich solche Zahlen vorzustellen.

Förderung: Orientieren im Zahlenraum bis 1000

Der Zehnersystemsatz hilft auch an dieser Stelle, um das abstrakte Rechnen zu unterstützen. Er besteht aus Einern, Zehnern, Hundertern (aus 10 Zehnern) und einem Tausender. Die Schüler*innen sollen in einem ersten Schritt selbst Hunderter aus 10 Zehnern zusammenbauen. Die Hunderter können dann zu Tausender zusammengelegt werden.

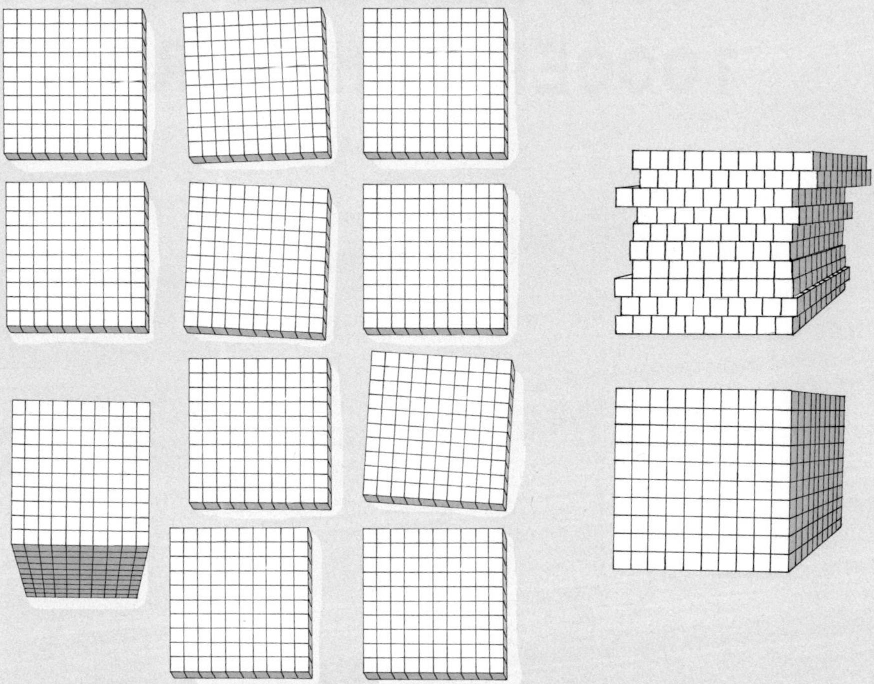

Die Schüler*innen sollen dabei möglichst viele Manipulationen betätigen können. Diese können anschließend gezählt und ebenfalls graphisch dargestellt werden.

Passende Arbeitsaufträge lauten: Lege 352; 655; 1 000; 250; …

Orientierung am Zahlenstrahl: Die Kinder teilen den Zahlenstrahl in Hunderter oder Fünfhunderter ein. Dann sollen sie Kärtchen mit passenden Zahlen auf die korrekten Stellen legen.

Schätzungen: Regen Sie Ihre Schüler*innen regelmäßig dazu an, Mengen zu schätzen und miteinander zu vergleichen. Anschließend sollen sie die Mengen abzählen.

Mengen zählen: Die Kinder sollen überlegen, wie sie Mengen schnell zählen können (eventuell mit Gruppierungen). Halten Sie dafür geeignetes Material bereit, z. B. Kastanien, Erbsen, Streichhölzer …

7.2 STELLENWERTPROBLEME

Um unser mathematisches Stellenwertsystem verstehen zu können, müssen die Schüler*innen den Sinn der Zahlen und der Stellen erfassen. Sie müssen verstehen, was Hundert und Tausend bedeuten. Wichtig sind Übungen zum Mengenlegen (Zehnersystemsatz) in Verbindung mit den Zahlwörtern und den Zahlensymbolen, die dazu passen. Die Schreibweise selbst sowie der Unterschied zum Zahlwort (278 = zweihundertachtundsiebzig) bereitet den Kindern nach wie vor Probleme. Sie müssen sich genau überlegen, welche Zahlen die Hunderter, Zehner und Einer sind. Das Benutzen der Stellenworttafel kann dabei eine große Hilfe sein (auch in höheren Zahlenräumen).

T	H	Z	E

Förderung: Stellenwertsystem

Übungen mit der Stellenwerttabelle: Nennen Sie eine Zahl, die Schüler*innen legen die Plättchen auf die richtigen Stellen in der

T	H	Z	E
4	1	4	9

-Tabelle.

Anschließend können kleine Additions- oder Subtraktionsaufgaben gemacht werden.

Übungen mit Zahlenkärtchen: Die Zahlenkärtchen gibt es in unterschiedlichen Größen, je nach Stellenwert, den sie repräsentieren. Die Kärtchen werden übereinandergestapelt. Das würde für die Beispielzahl 4149 so aussehen:

9

40

100

4000

Damit können die Schüler*innen besser verstehen, wie sich die Zahlen zusammensetzen. Sie können leicht erkennen, dass 4149 aus 4000 und 100 und 40 und 9 besteht. Diese Zerlegung hilft beim Zahlen- und Stellenwertverständnis und beim späteren Rechnen.

Übungen mit den Stellenwertkarten: Sie nennen eine Zahl, die Schüler*innen legen die Zahl mit Stellenwertkarten. Dazu können auch noch Plättchen gelegt werden.

Wie setzt sich die Zahl 149 zusammen?

149 = 1 Hunderter (= 100), 4 Zehner (= 40), 9 Einer (= 9)

Einfache Minus-/Plusaufgaben:

100 + 46 = ?   149 – 49 = ?

Gedächtnisspiel: Jeweils zwei Karten gehören zusammen. Das können die Zahlwörter und die Ziffern sein (viertausenddreihunderfünfundzwanzig – 4325) oder eine Karte zeigt eine graphische Darstellung wie z. B. diese:

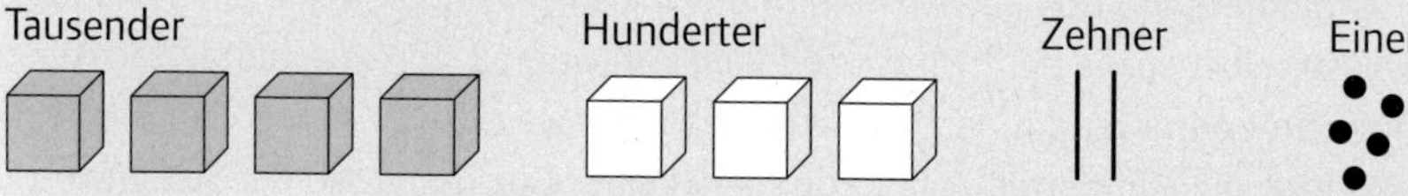

7.3 ZÄHLENDES RECHNEN

Sie erkennen zählende Rechner*innen am besten daran, dass diese sehr viel Zeit brauchen, um zur Lösung einer Aufgabe zu kommen. Diese Zeit kostet Energie, Kraft, Konzentration, das Arbeitsgedächtnis wird stark beansprucht. Es kommt häufig zu Fehlern.

Über die Nachteile vom zählenden Rechnen wurde bereits eingehend geschrieben. Das Augenmerk frühzeitig darauf zu lenken, hilft zu vermeiden, dass Schüler*innen sich an das zählende Vorgehen gewöhnen. Einige haben sich so in die Strategie des Zählens versteift, dass sie nicht mehr anders können. Deshalb sollen an dieser Stelle einige Tipps und Tricks dargelegt werden, wie die Schüler*innen sich das zählende Rechnen wieder abgewöhnen können.

Zählen mit den Fingern: Die Kinder sollen die Finger nur anschauen, aber nicht bewegen (oder nur in Gruppen). Als nächstes sollen sie sich die Bewegungen der Finger nur vorstellen. Die Vorstellung ist die erste Stufe, um sich die Finger abzugewöhnen. Die Kinder sollen dabei vermittelt bekommen, dass sie es auch ohne schaffen. Sie müssen Vertrauen in die eigenen Fähigkeiten erlangen.

Einsatz von Zahlenplättchen: Ähnlich verhält es sich mit den Zahlenplättchen. Der beste Übergang ist, sich die Plättchen nur anzusehen und die Bewegungen in Gedanken zu vollziehen. Die Sicht auf die Plättchen ist dabei eine große Hilfe.

Förderung: Vorstellungskraft

Die folgenden Übungen bauen aufeinander auf. Erst wenn eine Übung sicher beherrscht wurde, sollte die nächste in Angriff genommen werden. Dies ist abhängig von den Fähigkeiten des Kindes, seinem Selbstvertrauen und davon, wie lange schon zählend vorgegangen wurde (ein Zweitklässler gewöhnt sich schneller um als jemand aus der vierten Klasse).
Bei den folgenden Übungen sollte das Kind immer nur sein gewohntes Material benutzen. Führen Sie auf keinen Fall neues Material ein, denn es geht ja darum, sich langsam vom bestehenden Material zu lösen.

1. Das teilweise Verdecken der Plättchen ist eine Möglichkeit, vom Konkreten zum Abstrakten überzugehen. Ein Teil der Materialien wird verdeckt, das Kind soll benennen, wie viele Teile verdeckt wurden.
2. Schwieriger wird es, wenn alle Bewegungen unter einem Tuch oder verdeckt stattfinden. Das Kind dreht dem Tisch den Rücken. Sie sagen an: „Ich lege zehn Plättchen auf den Tisch. Dann nehme ich zwei Plättchen weg. Wie viele Perlen, Kugeln, Plättchen befinden sich auf dem Tisch?“ Das Kind kann anschließend nachschauen, anfangs auch nachlegen.
3. Ein weiterer Schritt, um dem Kind das Zählen abzugewöhnen, ist dies: Das gewohnte Material liegt vor dem Kind; das Kind darf es anschauen, jedoch nicht manipulieren! Die Bewegungsabläufe, die zu einer Rechnung gehören, führt es nur mental (im Kopf) durch.
4. Nach der konkreten Abgewöhnungsphase oder auch währenddessen sollte das Kind Strategien kennenlernen wie Ableitstrategien, Umtauschaufgaben, Automatisierter Abruf (Auswendiglernen) und andere Strategien, um Rechenaufgaben nicht nur zählend lösen zu können.

7.4 SCHRIFTLICHES RECHNEN

Bevor das schriftliche Rechnen eingeführt werden kann, sollten die Schüler*innen über verschiedene Fähigkeiten verfügen: Zum einen sollen die Kinder Rechnungen im 20er-Raum auswendig können und zum anderen sollten sie im 100er-Raum mit Hilfe von Zerlegungen und anderen Strategien rechnen können. In vielen Schulbüchern wird beschrieben, wie das schriftliche Rechnen am besten erlernt wird, doch steht wenig darüber, was bei Kindern mit Rechenschwierigkeiten auftreten kann.

Einige Schüler*innen, die Probleme beim Kopfrechnen haben, finden das schriftliche Rechnen einfacher. Als Einführung hat sich das halbschriftliche Rechnen bewährt, weil die Rechnungen in einer festgelegten Struktur in kleinere Schritte zerlegt werden. Die Kinder brauchen kein großes Mengenverständnis, um die Rechnungen in dieser Form auszurechnen (wenn die Schritte beherrscht werden). Ein Nachteil liegt darin, dass die Kinder nur die einzelnen Rechnungen betrachten und das Ganze aus den Augen verlieren. Beim fehlenden Mengenverständnis erkennen die Kinder es nicht, wenn sie grobe Fehler machen. Um zu vermeiden, dass die Kinder ohne Nachdenken einfach die Schritte durchführen, ist es unerlässlich, dass sie leichte Kopfrechnungen ausführen oder eine Kontrolle durch Runden beherrschen. Es gibt verschiedene Stolperstellen beim schriftlichen Rechnen:

Unleserliches Abschreiben: Die Zahlen werden nicht leserlich abgeschrieben und beim Rechnen treten Fehler auf.

Probleme beim Schreiben der Stellen: Die Zahlen werden nicht korrekt untereinandergeschrieben, so dass Tausender, Hunderter oder Einer (oder Kommazahlen) nicht untereinanderstehen. In dem Fall sollten Sie mit den Kindern nochmals die Stellentafel, das Stellenwertheftchen und die Zahlenkarten wiederholen, um ihnen die verschiedenen Stellenwerte deutlich zu machen und konkret aufzuzeigen, was passiert, wenn man die Stellen nicht untereinanderschreibt.

Probleme beim räumlichen Denken: Die Zahlen werden nicht in der richtigen Reihenfolge notiert oder die Rechenschritte von links nach rechts werden nicht beachtet. Schüler*innen mit gravierenden Problemen im Bereich der räumlichen Lage wissen nicht, wo die Zahlen korrekt notiert werden, wo sie mit dem Rechnen anfangen sollen und welche Zahlen für die einzelnen Schritte benutzt werden.

U. ist ein sehr guter Schüler. Kopfrechnen und auch Sachaufgaben, die er im Kopf rechnen kann, sind für ihn kein Problem. Jedoch erkennt er keine räumliche Lage und weiß beim schriftlichen Rechnen nie, wo er beginnen soll. Er rechnet mal von links, mal von rechts; besonders beim Dividieren und Multiplizieren hat er Schwierigkeiten.
Als Förderung müssen über einen längeren Zeitraum Übungen zur räumlichen Lage angesetzt werden: Übungen auf dem Geobrett, passende Spiele wie Dame, Mühle, Gittertiere …
Auch ein Modell hilft ihm, so dass er immer wieder nachsehen kann, wo welche Zahlen hingeschrieben werden.

Vergessene Zwischenresultate: Viele Kinder mit Lernschwierigkeiten haben Probleme im Bereich des Arbeitsgedächtnisses, aber auch Kinder mit Konzentrationsschwierigkeiten vergessen, die Zwischenergebnisse, die sie sich merken sollten, hinzuzufügen.

$$\begin{array}{r} 56 \\ +\ 25 \\ \hline 71 \end{array} \text{ (falsch)}$$

In diesem Beispiel rechnet das Kind im Kopf 5 + 6, schreibt den Einer hin und soll sich den Zehner merken, um ihn mit den anderen Zehnern zu verrechnen, doch das wird vergessen. Eine Hilfe ist, sich Zwischenergebnisse auf einem Notizblatt aufzuschreiben oder sie mit den Fingern anzuzeigen.

Trainieren Sie auch regelmäßig das Arbeitsgedächtnis und die exekutiven Funktionen. Sie können Aufgaben stellen, bei denen die Kinder mehrere Aufträge ausführen müssen, wie z. B.: „Hör gut zu! Nachdem ich alles erklärt habe, kannst du zur Tür gehen, die Zahl lesen und sie dir merken. Dann musst du dreimal an die Tür klopfen und fünfmal auf der Stelle springen. Zum Schluss kommst du zurück und notierst die Zahl auf ein Blatt." Diese Übung kann für Kinder mit sehr schwachem Arbeitsgedächtnis entsprechend variiert bzw. reduziert werden. In der Klasse kann die Übung auch in ein Bewegungsspiel verwandelt oder als Staffellauf durchgeführt werden. Beim Staffellauf (die Klasse wird in zwei Gruppen eingeteilt) werden immer andere Zahlen an die Tür geschrieben. Welche Gruppe hat als erstes seinen Lösungscode gefunden, der sie in die Pause entlässt?

Die Ergebnisse der Zwischenresultate werden vergessen und müssen nochmals errechnet werden. Durch die doppelten (oder dreifachen) Rechnungen belasten die Kinder ihr Arbeitsgedächtnis und die Konzentration, sie werden schneller müder und machen mehr Fehler.

Kein Abrufen von einfachen Rechnungen: Die Schüler*innen können keine einfachen Rechnungen aus dem 20er-Raum (Plus- oder Minusrechnungen) oder das kleine Einmaleins (Multiplikation, Division) aus dem Langzeitgedächtnis abrufen. Sie helfen sich mit Tricks (Punkte malen) oder müssen langwierige Rechenprozesse ausüben, um auf Resultate zu kommen. Dies kostet Energie, was später zu Konzentrationsfehlern führen kann. Die Kinder sollten regelmäßig Spiele und Aufgaben zur Automatisierung in der Förderung und zu Hause machen, um die einfachen Rechnungen auswendig abrufen zu können.

Rechenweg vergessen: Einige Kinder vergessen regelmäßig den Rechenweg, sie können ihn nicht aus dem Langzeitgedächtnis abrufen. Deshalb sollten Sie die schriftlichen Rechnungen in regelmäßigen Abständen mit den Schüler*innen wiederholen. Dabei sollten Sie bzw. die Kinder alle Denkschritte laut aussprechen, um an die jeweiligen Schritte zu erinnern.

Fokus in der Schule auf bestimmten Themen: Wenn in der Schule gerade bestimmte Themen anstehen, werden andere Bereiche währenddessen außer Acht gelassen (z. B. Kopfrechnen, schriftliches Rechnen, Einmaleins …). Viele Kinder mit Rechenschwierigkeiten oder Lernschwierigkeiten brauchen aber regelmäßige Wiederholungen zu Hause, in der Förderung oder in der Schule, um Gelerntes nicht zu vergessen. Vielleicht können Sie regelmäßige Rechenrätsel oder Spiele einplanen; so kann vielleicht vermieden werden, dass die schriftlichen Rechnungen vergessen werden.

Probleme durch das Einführen von Tafelrechnungen durch die Eltern: Viele Eltern verzweifeln regelrecht, wenn ihre Kinder die einfachsten Rechnungen nicht lösen können. In solchen Momenten neigen Erwachsene oft voreilig dazu, ihren Kindern klassische Tafelrechnungen zu zeigen, so wie sie diese in der Schule gelernt hatten. Dieser Umstand kann jedoch mehrere Probleme verursachen. Die Methoden beim schriftlichen Rechnen haben sich in den letzten Jahren geändert. Die Eltern sollten warten, bis die Kinder das schriftliche Rechnen in der Schule lernen. Die Erwachsenen müssen die neuen Methoden beherrschen, um den Kindern richtig helfen zu können. Die veralteten Methoden bringen die Kinder durcheinander.

Versuchen Sie, die Eltern bereits in der ersten Klasse darauf hinzuweisen, keine Tafelrechnungen oder andere „Tricks" einzuführen. Erklären Sie im persönlichen Gespräch oder auf einem Elternabend, warum die Eltern sich zurückhalten sollten. Zuerst müssen ihre Kinder Rechnungen bis 20 auswendig können. Zudem sollten die Kinder im Kopf mit Zerlegungen und Teilrechnungen rechnen können, bevor mit dem schriftlichen Rechnen angefangen wird.

Ein einfaches Beispiel kann den Eltern verständlich machen, warum das Kopfrechnen wichtig ist: Beim Einkaufen muss man auch Beträge zusammenrechnen, um zu sehen, ob man sich z. B. noch eine Tüte Bonbons kaufen kann oder nicht. Im Laden hat man selten Stift und Papier dabei, um eine Tafelrechnung zu machen!

Sprechen Sie bei den Eltern das Thema „Probleme im Rechnen" an. Die Eltern sollten sich vertrauensvoll an Sie wenden, wenn sie Schwierigkeiten bemerken. Sie können den Eltern genau zeigen, wie sie den Kindern helfen können. Literatur und Übungsblätter oder Trainingshefte, in denen sehr teilschrittig vorgegangen wird, können dabei eine große Hilfe sein.

Die Mutter von J. (10 Jahre) ist stolz, dass ihre Tochter 12 + 7 in einer Tafelrechnung lösen kann. Die Tochter rechnet immer nur im Zehnerbereich. Ihre Antworten sind richtig, jedoch entwickelt sie keinen Zahlensinn und kein Gespür für die Zehnerübergänge bzw. für die Zehnerunterschreitung. Wieso funktioniert die Tafelrechnung? Die Zahlen werden aufgeteilt, es werden immer nur Einer zusammengezählt, das Gedächtnis wird wenig beansprucht. Das Kind muss sich keine Zwischenresultate merken, da diese notiert werden können. Die Resultate können auch leicht geprüft werden. Das Problem liegt daran, dass das Kind kein Gefühl für die Menge bekommt. Bei der Rechnung 25 + 32 fällt es dem Kind nicht auf, dass die Antwort unmöglich 47 sein kann.

Teil 8

WEITERE SCHWIERIGKEITEN IN MATHEMATIK

8

Das Rechnen mit Brüchen und Maßeinheiten, mit der Uhrzeit oder mit Geld ist auch für Schüler*innen ohne Rechenschwäche schwierig zu bewältigen. Planen Sie möglichst viel Zeit für das freie Experimentieren, Manipulieren, Probieren und Üben ein. Versuchen Sie, Ihre Schüler*innen durch gezielte Aufgabenstellungen dazu zu bringen, selbst zu überlegen und mögliche Lösungen zu finden, bevor Sie die mathematischen Erklärungen oder Formeln präsentieren.

In diesem Kapitel soll vor allem auf die besonderen Probleme hingewiesen werden, denen Kinder mit Rechenschwierigkeiten in diesen Bereichen begegnen können.

Achten Sie auch auf die Auswahl durchdachter Arbeitsblätter, die so gestaltet und formuliert sind, dass sie die Schüler*innen unterstützen. Es sollten nicht zu viele Aufgaben auf einer Seite sein; die Aufgabenstellung muss klar und deutlich formuliert sein. Auch die Illustrationen können Hilfestellung geben, wenn sie z. B. in der Proportion oder Perspektive richtig gezeigt werden (z. B. sollte ein Ein-Liter-Gefäß doppelt so groß sein wie ein Gefäß mit 500 ml).

8.1 UMGANG MIT GELD

Schüler*innen kommen schon früh mit Geld in Kontakt. Sie sollten auch in der Schule früh mit Geldstücken oder Geldscheinen (Spielgeld) rechnen lernen. Beginnen Sie, mit ganzen Eurostücken zu rechnen: 1 Euro + 2 Euro = 3 Euro, 1 Euro + 5 Euro = 6 Euro.

Wenn Sie das Spielgeld (meist liegt es dem Mathelehrwerk bei) verwenden, wird die Rechnung veranschaulicht.

Wenn die Schüler*innen den Zehnerübergang geschafft haben, können Sie auch 10er-, 20er- und 50er-Scheine verwenden, später die 100er-Scheine dazu nehmen.

In einer weiteren Phase wird mit Cent-Stücken gerechnet. Dabei sollten Sie zu Beginn nur 10, 20 und 50 Cent verwenden. Lassen Sie die Kinder ausrechnen, wieviel noch bis zu einem Euro fehlt. Dazu müssen sie wissen, wie von Euro auf Cent umgerechnet wird und umgekehrt. In einem letzten Schritt kommen die Cent-Stücke für einen, zwei und fünf Cent hinzu.

Für das Rechnen mit Geld brauchen die Kinder diese Fähigkeiten:

- Sie müssen sich die verschiedenen Münzen und Geldscheine merken, wozu sie ihr Langzeitgedächtnis brauchen.

- Die Kinder müssen auch verstehen, was das Komma bedeutet, wann es wo gesetzt wird.
- Sie müssen den Unterschied zwischen Cent und Euro kennen und das Stellenwertsystem verstanden haben.

Besonders die Schüler*innen mit Rechenschwäche brauchen viele Gelegenheiten, um mit Geld (real oder Spielgeld) zu arbeiten: Sie sollen Geld zählen, schätzen, addieren, subtrahieren usw. Diese Übungen sollten übers Schuljahr verteilt immer wieder geübt werden und nicht nur kurz für einen Test.

8.2 BRÜCHE UND DEZIMALZAHLEN

Brüche

Viele Kinder, auch ohne Rechenschwäche, haben Probleme mit dem Bereich der Brüche und Dezimalzahlen. Planen Sie in jedem Fall genügend Zeit für praktische und manipulative Übungen ein. Machen Sie mit kleinen Sachaufgaben die Inhalte deutlich: Wenn wir einen Apfel in zwei Hälften schneiden, aber vier Kinder ein Stück bekommen wollen, was ist dann? Bringen Sie zur Anschauung Äpfel mit und schneiden Sie diese durch. Danach werden mathematische Begriffe verwendet: $\frac{1}{4}$, $\frac{1}{2}$, $\frac{3}{4}$ … Ähnliche Übungen aus der Alltagswelt sind: Torte, Kuchen, Pizza in drei, vier, sechs oder acht Stücke teilen; wie können wir eine Pizza unter drei Schülern aufteilen?

Zum Üben eignet sich auch ein kleiner runder Käse oder Kuchen: Das Kind schneidet Viertel und Hälften oder versucht, den Käse gerecht in drei Stücke zu schneiden. Nach dem Schneiden kann gemessen werden. Welches Stück ist am größten (Hälfte)? Wie viele Stücke ergeben ein Ganzes (zwei Hälften, drei Drittel, vier Viertel)?

Es gibt auch Käsestücke im Handel, die bereits geteilt sind und sich für Übungen mit Brüchen besonders gut eignen. Wie viele Stücke ergeben ein Ganzes, wie viele Stücke bekommen zwei Familien, wie viele Stücke bekommen vier oder acht Kinder?

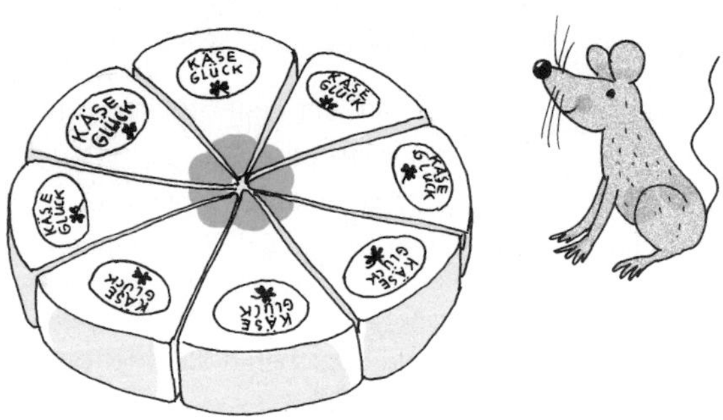

In einer nächsten Phase kann didaktisches Material mit Papier selbst gebastelt werden. Die Schüler*innen sollen versuchen, aus Papierbögen gleichgroße Stücke zu schneiden. Sie können dafür auch Rechtecke auf Karopapier verwenden. Oder Sie lassen Papier in zwei Hälften falten, dann in drei oder vier Teile. Dies hilft, ein Gefühl für Brüche zu entwickeln. Im Handel ist auch fertiges didaktisches Material (z. B. von Montessori) zum Erfassen und Üben erhältlich.

Im nächsten Schritt wird untersucht, ob $\frac{1}{2}$ das Gleiche wie $\frac{1}{4}$ ist, indem am konkreten Material gemessen und verglichen wird. Dann werden Brüche mit demselben Nenner miteinander verglichen. ($\frac{1}{5} + \frac{2}{5} = ?$)

Bald werden die Kinder feststellen, dass Brüche nur miteinander verglichen werden können, wenn sie einen gemeinsamen Nenner haben. Um den gemeinsamen Nenner zu finden, müssen die Schüler*innen das Einmaleins gut beherrschen. Für die Aufgabe $1/4 + 1/2 = ?$ ist der gemeinsame Nenner das Viertel. Wie bei allen mathematischen Aufgaben sollten Sie immer mit leichten Aufgaben beginnen, damit die Schüler*innen verstehen, was zu tun ist. Die vorliegende Rechnung kann leicht mit Papier und Schere überprüft werden (oder mit didaktischem Material).

Dezimalzahlen

Dezimalzahlen sind für alle Schüler*innen und in besonderem Maße für die mit Rechenschwäche noch schwerer zu erfassen, da dieser Bereich abstrakter ist. Kinder mit Stellenwertproblemen werden auch bei Dezimalzahlen Probleme aufweisen, z. B. wenn sie einen Unterschied zwischen 2,5 und 2,05 erkennen sollen.

Der Umgang mit Geld kann den Schüler*innen in dieser Hinsicht helfen, da sie mit Cent-Stücken arbeiten können und im Vorfeld schon gelernt haben, dass 5 Cent weniger sind als 50 Cent und noch weniger als 5 Euro. Geld und ausgeschilderte Preise erweisen sich dann doch als konkreter und können den Schüler*innen helfen, die Unterschiede zu erfassen.

Die Stellenwerttafel sollte auch für die Dezimalzahlen hinzugezogen werden. Sie hilft, die Zehntel, Hundertstel und Tausendstel einzuordnen und somit Unterschiede sichtbar zu machen.

8.3 MESSEN UND GRÖßEN

Zeit

Uhrzeit lesen: Die Uhrzeit abzulesen bereitet vielen Schüler*innen Probleme, besonders da elektronische Uhren viel häufiger anzutreffen sind als klassische Uhren mit Ziffern und Zeiger. Um das Uhrenlesen zu erlernen, sollten Sie mit vollen Stunden beginnen. Dazu müssen die Kinder die Symbole 1 bis 12 korrekt lesen können. Die Kinder sollen lernen, dass eine Stunde aus 60 Minuten besteht. Als nächstes kommen die halben Stunden hinzu. Durch Multiplikationen und Brüche sollten die Kinder schon entdeckt haben, was die Hälfte ist (30 Minuten). Bei den analogen Uhren spielt auch die räumliche Lage eine entscheidende Rolle (vor .../nach ...), vor allem bei Uhren, bei denen nicht alle Ziffern angezeigt werden.

Nachdem die Kinder diese erfolgreich lesen können, kommen die Viertelstunden ($\frac{1}{4}$ von 60 ist 15 Minuten) hinzu. Auch hierbei helfen die Übungen mit den Brüchen weiter. Als letztes folgen die anderen Uhrzeiten. Bei allen Übungen zur Uhrzeit sollten Kinder über Lernuhren (selbst gebastelt aus Papptellern mit Metallklammern oder aus dem Handel) verfügen (digital und analog).

Zeitspannen errechnen: Erst nachdem die Kinder die Uhrzeit ablesen können, sind sie in der Lage, Zeitspannen auszurechnen. Sie müssen verstanden haben, dass nicht wie üblich mit 100, sondern mit 60 Minuten gerechnet wird. Eine Stunde hat 60 Minuten, eine Minute wiederum 60 Sekunden, dies beim Rechnen zu berücksichtigen, fällt vielen Kindern schwer. Zeit ist ein abstrakter Lerngegenstand und kann mit kleinen Sachgeschichten oder Fahrplänen realistischer gestaltet werden. Ein echter oder fiktiver Ausflug mit der Bahn oder dem Bus hilft den Kindern zu verstehen, warum es wichtig ist, Zeitspannen zu errechnen.

Erschwerend kommt hinzu, dass ein Tag 24 Stunden hat, eine Woche 7 Tage und ein Monat 30 oder 31 Tage (der Februar 28/29 Tage), 12 Monate ergeben ein Jahr. Dies sind viele Zahlen, die im Langzeitgedächtnis abgespeichert und bei unterschiedlichen Sachrechnungen wieder abgerufen werden müssen.

Auch beim Uhrenlesen sowie dem Rechnen mit Zeitspannen ist es ratsam, passende Übungen in das alltägliche Miteinander einzubauen (eine große Uhr sollte für alle sichtbar in der Klasse aufgehängt sein): Bis wann haben wir Zeit? Wie lange haben wir gebraucht? Wie lange dauert es noch, bis wir Pause haben? usw. Bei Sachaufgaben sollten die Schüler*innen teilschrittig vorgehen: zuerst bis zur nächsten vollen Stunde rechnen; dann die weiteren Stunden hinzuzählen und erst zum Schluss die verbleibenden Minuten. Hier eine Beispielaufgabe: Um 8 Uhr 45 fährt der Zug los, er kommt um 12 Uhr 15 an. Wie lange war der Zug unterwegs? 15 Minuten bis 9 Uhr (behalte oder notiere 15 Minuten); von 9 bis 12 Uhr sind es drei Stunden (behalte, notiere drei Stunden und 15 Minuten); dann kommen nochmals 15 Minuten hinzu (3 Stunden 15 Minuten + 15 Minuten = 3 Stunden 30 Minuten).

Längen

Das Abmessen von Längen setzt das Lesen und korrekte Benutzen eines Lineals voraus. Die Kinder müssen die Symbole beherrschen sowie richtig mit der räumlichen Lage umgehen: Ich lege die Null zum Anfangspunkt rechts bzw. links oder oben bzw. unten. Es setzt ebenfalls eine ausreichende Sehfähigkeit voraus (Kinder, die schielen, haben Probleme, auf den Millimeter genau abzumessen) sowie eine gute Feinmotorik (wenn ich das Lineal schief halte, sind meine Messungen falsch).

Neben dem eher technischen Anteil spielt auch die Längeneinheit eine große Rolle: 1 Meter besteht aus 10 Dezimetern, 100 Zentimetern oder 1 000 Millimetern. Sollen zwei Längen miteinander verglichen werden, müssen unterschiedliche Maßeinheiten auf eine gemeinsame Maßeinheit umgewandelt werden. Umwandlungen stellen für viele Kinder eine Hürde dar. Oft fehlt die praktische Erfahrung aus dem Alltag, um Längen einzuschätzen und ganzheitlich verstehen zu können. Längen von Holzbalken, Bänken, Teppichen usw. können sich die Kinder auf diese Weise körperlich erfühlen bzw. abzuschätzen lernen:

- abschreiten, balancieren, einen Fuß vor den anderen setzen, seitlich laufen, rückwärts laufen, robben, sich an einer Bank weiter ziehen,
- mit dem Körper abmessen (Körperlänge, Elle, Handlänge, Fußlänge …),
- Kapplastücke® anlegen und die Längen miteinander vergleichen,
- Größen vergleichen, bevor mit mathematischen Maßstäben gearbeitet wird,
- Lineale, Meter, Maßband erkunden.

Idealerweise müssten die Schüler*innen mit Materialien wie Holz werkeln können (z. B. ein Vogelhaus bauen), um Längen und deren Wichtigkeit verstehen zu können. Nachdem Kinder (mehrfach) Erfahrung im praktischen Bereich gesammelt haben, würde erst anschließend in Mathematik mit Längen und Umwandlungen gearbeitet werden. Unterschiedliche Anforderungen können dabei Probleme bereiten:

Konzentration: Die Angaben müssen genau durchgelesen, Längeneinheiten verglichen werden.

Umwandlungsschlüssel: Wenn Umwandlungen stattfinden, müssen die Kinder den Schlüssel der Umwandlung korrekt aus dem Langzeitgedächtnis abrufen können.

Rechenverständnis: Die Kinder müssen entscheiden, ob sie multiplizieren oder dividieren müssen, und dies korrekt umsetzen.

Stellenwertverständnis: Dies wird ebenfalls benötigt, weil oft mit Nullen oder Kommas gerechnet wird.

Gewichte

Bevor die Gewichte rein mathematisch betrachtet werden, sollten die Kinder die Gelegenheit bekommen, zu backen oder nach Rezepten zu kochen, um die Wichtigkeit und Nützlichkeit der Gewichte verstehen zu können. Aber auch diese Aktivitäten sind eine sinnvolle Vorbereitung:

- das Fühlen von Gewichten (Tragen von Gegenständen wie Medizinball, Gewichtsbälle oder Reissäckchen …),
- das Vergleichen unterschiedlicher Gewichte (zwei verschiedene Gegenstände jeweils in eine Tüte legen und miteinander vergleichen lassen: Welche Tüte fühlt sich schwerer an?),
- eine Schalenwaage oder andere mechanische Waagen vorstellen und die Kinder damit experimentieren lassen,
- mit unterschiedlichen Gewichtsstücken Gegenstände abwiegen lassen,
- schätzen lassen, wie schwer ein Sack Mehl ist (oder eine Banane, vier Äpfel …).

Nach diesen Vorübungen können die Kinder mit den Maßen rechnen. Ähnlich wie bei den Längen müssen die Schüler*innen Maßeinheiten umrechnen können:

1 000 mg = 1 g   1 000 g = 1 kg   1 000 kg = 1 t

Auch bei diesen Umwandlungen muss das Kind den Umwandlungsschlüssel im Langzeitgedächtnis speichern und abrufen können. Es muss konzentriert arbeiten und erst alle Umwandlungen durchführen (korrekt multiplizieren oder dividieren), bevor gerechnet werden kann. Dazu werden das Stellenwertverständnis und der Mengensinn benötigt. Die Schüler*innen sollen im Vorfeld genügend Zeit zum Experimentieren und Ausprobieren bekommen. Erfahrungen, die sie mit ihrem eigenen Körper gemacht haben (etwa Gepäckstücke mit unterschiedlichem Gewicht tragen), helfen dabei, Gewichte miteinander zu vergleichen. Nach dem Schätzen (ein Blatt Papier kann kaum 1 kg wiegen) wird mit unterschiedlichen Messgeräten kontrolliert.

Bei Arbeiten mit Größen und Maßen sollte wieder eine entsprechende Tafel mit den Einheiten benutzt werden.

8.4 GEOMETRIE

Im Bereich der Geometrie gibt es eine Reihe von Fachbegriffen wie Linien, Parallelen, Senkrechte, Waagrechte, Figuren, Körper, Winkel usw., die die Schüler*innen verstehen, unterscheiden und sich merken müssen. Neben dem Verständnis wird dabei auch das Gedächtnis beansprucht. Um den Rahmen dieses Buches nicht zu sprengen, sollen an dieser Stelle nur die besonderen Schwierigkeiten von rechenschwachen Schüler*innen Erwähnung finden.

Linien, Parallelität, Symmetrie, Winkel

Linien, Diagonale, Parallelen, Symmetrie als solche zu erkennen, setzt ein Verständnis der räumlichen Lage voraus. Für das Zeichnen benötigen die Kinder ein ausreichendes Sehvermögen (Konzentration auf einen bestimmten Punkt), Konzentration, Feinmotorik (Geodreieck korrekt handhaben, ruhige Fingerbewegungen ohne Zittern). Auch hierbei sollten die Kinder besonders viele Gelegenheiten zum Manipulieren erhalten.

Die Symmetrie wird oft schon in der Vorschule angesprochen (Schnittmodelle, Faltübungen, Malkleckse, die durch Falten des Papiers symmetrisch dargestellt werden). Übungen mit Spiegeln sind für alle Altersklassen wichtig.

Die Handhabung des Geodreiecks braucht Übung sowie ein Verständnis der Raumlage (feinmotorische Fähigkeiten, genaues Legen des Geodreiecks, Augen-Hand-Koordination). Die Kinder müssen die Schenkel erkennen sowie korrekt messen und ablesen (da zwei Zahlen an gleicher Stelle stehen, benutzen viele Schüler*innen die falschen Zahlen, z. B. 60° statt 120°).

Bevor das Geodreieck zum Einsatz kommt, sollten möglichst viele ganzheitliche Erfahrungen mit den Winkeln gemacht werden. So können bei der Klassentür verschiedene Öffnungswinkel erfühlt werden. (Wie viel Platz habe ich zwischen der Wand und der Tür? Wo habe ich mehr Platz?). Sie können auch auf den Boden gezeichnet werden. Wenn man einen großen Karton zu einem Winkel mit zwei Schenkeln faltet, kann der Winkel verändert und erfühlt werden: Ist er spitz oder stumpf?

Zwei Lineale oder zwei Holzlatten können am Ende mit einer Schraube miteinander verbunden werden. So können die Latten in unterschiedlichen Winkeln geöffnet und untersucht, eventuell auch blind ertastet werden.
Erst nach diesen Vorübungen sollte das Dreieck als Instrument eingeführt und erklärt werden. Die Kinder sollen mit Geodreiecken in verschiedenen Größen experimentieren und beschreiben, was sie sehen. Sie können auch erste Hypothesen aufstellen.
Wenn die Kinder mit dem Geodreieck Schwierigkeiten haben, können gleich mehrere Hürden Probleme bereiten:

Handhabung des Geodreiecks: Die Kinder erkennen oft nicht, wie es korrekt benutzt und aufs Blatt gelegt werden soll. Zeigen Sie den Kindern individuell, welche Striche zu beachten sind. Vielleicht können diese Striche auf Geodreiecken zur Übung auch besonders hervorgehoben werden. Wenn die Schüler*innen die Grade richtig lesen können, müssen sie sich entscheiden, ob der Winkel von rechts nach links oder von links nach rechts zu lesen ist (spitzer Winkel 10 bis 90 Grad oder stumpfer Winkel über 90 bis 10 Grad).
Viele Kinder vergessen schnell die korrekte Handhabung, wenn sie einige Zeit nicht mehr mit dem Geodreieck gearbeitet haben; regelmäßiges Üben ist wichtig.

Probleme im Bereich der räumlichen Lage: Kinder, die über kein Raum-Lage-Verständnis verfügen, haben es besonders schwer bei diesen Aufgaben. Sie müssen das Geodreieck richtig platzieren, auch wenn die Winkel schräg dargestellt wurden. Dann müssen sie wieder überlegen, wo die Grade stehen und ob von rechts nach links oder von links nach rechts gelesen wird.

Visuelle Fähigkeiten: Kinder, die Defizite im Bereich der Blicksteuerung, der visuellen Diskriminierung oder andere Schwierigkeiten beim genauen räumlichen Sehen haben, sollten in einer augenärztlichen Praxis vorgestellt werden. Einige Kinder wirken oft zittrig, besonders wenn sie sich anstrengen oder Probleme im Bereich der Augen-Hand-Koordination haben. Für sie sollte bei der Auswahl des Geodreiecks besonders darauf geachtet werden, dass das Geodreieck einen Griff hat, der für einen stabilen Halt sorgt. Stellen Sie am besten mehrere unterschiedliche Geodreiecke zur Verfügung, damit die Kinder jenes wählen können, das ihnen am besten hilft.

Formen, Körper

Auch hier gilt, den Schüler*innen besonders viele Gelegenheiten zu bieten, mit konkretem Material zu arbeiten, zu experimentieren und zu basteln. Um Figuren voneinander unterscheiden zu können, müssen die Kinder folgende Fähigkeit haben:

- die räumliche Lage kennen,
- Fachbegriffe der einzelnen Figuren und Körper beherrschen und
- Winkel erkennen (rechter Winkel = rechtwinkliges Dreieck usw.).
- Informationen aus dem Langzeit-Gedächtnis abrufen: Seitenzahlen, Winkel- und Ecken-Anzahlen merken und dem korrekten Namen des Vielecks oder des Körpers zuordnen.

Bei Aufgaben, in denen Körpernetze gedanklich zu Körpern zusammengefügt werden, sind besonders die Fähigkeiten der räumlichen Lage und der abstrakten Vorstellungskraft gefragt. Die Kinder sollten deshalb im Vorfeld viele konkrete Übungen mit gebastelten Körpernetzen machen können.

Flächen- und Umfangberechnungen

Meistens wird im Unterricht mit dem *Umfang* begonnen. Machen Sie den Schüler*innen konkret deutlich, warum Berechnungen zum Umfang benötigt werden. Vielleicht stellen Sie als Hausaufgabe eine Fotosafari, in der die Kinder auf die Suche nach Zäunen, Bordüren, Mauern gehen? So können die Kinder ein Auge dafür entwickeln.

Mit Zuckerwürfeln könnten die Kinder konkrete Zäune (z. B. für Gehege für die Spielzeugtiere) anlegen. Dann kann man gemeinsam überlegen: Wie könnte der Umfang schneller berechnet werden, ohne jedes Zuckerstückchen einzeln zu zählen? Die Schüler*innen sollten die Gelegenheit bekommen, selbst als Mathematiker*in vorzugehen und Lösungen zu finden, bevor die korrekte mathematische Formel dargelegt wird.

Auch bei der *Fläche* sollten die Schüler*innen die Gelegenheit bekommen, im Alltag zu erkennen, wofür die Berechnungen zur Fläche benötigt werden (Anstrich der Wände, Fliesen legen, tapezieren …), mit konkretem Material zu arbeiten und Lösungen zu finden, bevor die korrekte mathematische Formel von Ihnen dargelegt wird.

Die Schüler*innen müssen sich anschließend die unterschiedlichen Formeln merken (Gedächtnis), korrekt abrufen und benutzen können. Die bestehenden Rechenprobleme in den Bereichen Zahlenverständnis, Stellenwert, Additionen (über den Zehner hinaus) und Multiplikationen werden auch an dieser Stelle auftauchen. Die Formeln können auf ein Plakat geschrieben und in der Klasse oder auch zu Hause aufgehängt werden. So können sich die Kinder die Formeln besser einprägen. Die Kinder können die Formeln auch in ein Mathe-Tagebuch notieren.

Teil 9

GANZHEITLICHE FÖRDERUNG

9.1 SELBSTVERTRAUEN STÄRKEN

Hat ein Kind das Gefühl, Aufgaben oder mathematische Kompetenzen nicht erreichen zu können, strengt es sich weniger an und ist unmotiviert. Durch die Abwärtsspirale erzielt es folglich auch weniger gute Leistungen und fühlt sich in der Annahme bestätigt, es nicht zu können. Hat das Kind jedoch das Gefühl, etwas bewirken und seine Ziele erreichen zu können, wird es sich mehr anstrengen, mehr Strategien nutzen und somit höhere Leistungen erzielen.

Erfolge, so minimal sie auch sein mögen, sollten gegenüber dem Kind immer wieder angesprochen werden, so kann seine Einstellung wachsen, dass es auch die anderen Hürden schaffen kann. Ein Lerntagebuch mit der Rubrik „Das weiß ich bereits …" kann dabei sehr wichtig sein. In diesem Tagebuch sollten die Stärken und Ressourcen des Kindes vermerkt sein. Wenn das Kind allein oder mit seinen Eltern oder Lehrer*innen regelmäßig in dem Tagebuch liest, hat dies einen positiven Einfluss auf sein Selbstvertrauen. Besprechen Sie diesen Punkt auch unbedingt mit den Eltern. Auch sie sollten verstehen, warum Loben so wichtig für ihr Kind ist. Gemeinsam mit Kind und Eltern legen Sie kleine, realisierbare Ziele fest. Diese helfen allen Beteiligten, die Fortschritte zu erkennen und entsprechend authentisch zu loben.

9.2 STÄRKEN FINDEN UND RESSOURCEN AKTIVIEREN

Jeder Mensch braucht Bestätigung, das Gefühl etwas Besonderes zu sein oder zu leisten. Kinder mit Schulproblemen oder mathematischen Schwierigkeiten leiden täglich unter Versagensängsten, Machtlosigkeit und dem Gefühl, nicht gut genug zu sein. Bei vielen Eltern führt die Angst, das Kind könnte „versagen", dazu, nur noch die Schwächen und Schwierigkeiten zu sehen und nicht mehr das Kind als ganze Person. Achten Sie als Lehrkraft darauf, dass Sie das Kind als eigenständigen Menschen, der sich nicht nur über seine schulischen Leistungen definiert, wahrnehmen.

E. kommt zum ersten Mal in die Förderung. Sie soll sich vorstellen und erzählen, was sie gerne mag usw. Sie schaut mich ernst an und sagt: „Weißt du … (dabei legt sie eine Pause ein, um die dramatische Situation zu unterstreichen) … ich habe Dyskalkulie!" Im weiteren Gespräch dreht sich alles nur um dieses Wort und was damit zusammenhängt. Sie definiert ihre gesamte Persönlichkeit mit dieser Diagnose. Es dauert sehr lange, um neben der Förderung des Zahlenbereiches auch ihr Selbstbild zu ändern, in eine Person, die gerne singt, Theater spielt und sehr gerne bastelt.

Es ist wichtig, die Fähigkeiten und Stärken der Schüler*innen zu erkennen, zu fördern und auch dem Kind aufzuzeigen. Stärken wie z. B. ein sehr gutes Gedächtnis oder Willensstärke können genutzt werden, um Schwächen zu kompensieren. Sie können eine wichtige Ressource für das Kind sein. Machen Sie sich gemeinsam mit ihm gezielt auf die Suche nach seinen Stärken und Ressourcen. Dies bedeutet auch, aufmerksam zu sein und die Fähigkeiten und Stärken der Kinder zu fördern.

Wenn die Schüler*innen an einem Lerntagebuch arbeiten, sollte unbedingt der erste Teil des Tagebuchs den Besonderheiten, den Stärken des Kindes gelten. Es ist wichtig, schwarz auf weiß immer wieder aufzuzeigen, was das Kind alles kann und was es besonders macht. Dieser Teil sollte genügend Platz bieten, um in den Monaten oder Jahren immer wieder mit Einträgen ergänzt zu werden.

9.3 LERNSTRATEGIEN LERNEN UND ANWENDEN

Strategien sind sehr wichtig und sollten erlernt und geübt werden. Dazu gehört auch das Wissen um die Nutzung der jeweiligen Strategien. Wann welche Strategie am sinnvollsten ist, können sich die Schüler*innen in eigenen Worten mit Beispielen und Regeln in ihr Lerntagebuch schreiben. Wir können allgemeine Lernstrategien und mathematische Strategien unterscheiden.

Allgemeine Lernstrategien:

- Regelmäßig üben und wiederholen
- Wenn etwas nicht verstanden wurde, soll sich das Kind melden und Hilfe anfordern
- Rechnungen auswendig lernen
- Metakognitive Strategien anwenden

Mathematische Strategien:

- Verständnis für Teil-Ganzes und Zerlegungen entwickeln, um den Weg für weitere Strategien frei zu machen
- Umkehraufgaben ($3 + 2 = 2 + 3$) erkennen und üben
- Ableitstrategien anwenden (die Kraft der 5 bzw. 10, Nachbaraufgaben wie $10 \times 6 = 60$, $9 \times 6 = 60 - 6$)
- Verdoppeln und Halbieren bei Rechnungen nutzen
- Einmaleins, auch nach dem Verständnis, auswendig lernen
- Gegenprobe kennen, um das Resultat kontrollieren zu können

In der Klasse sollten Strategien in sogenannten „Mathekonferenzen" ausgetauscht, erklärt und verglichen werden. Dabei können auch Karteikärtchen hergestellt und Notizen ins Lerntagebuch eingetragen werden.

9.4 DAS EIGENE LERNEN ÜBERWACHEN UND BEEINFLUSSEN

Schüler*innen sollten möglichst genau wissen, wie sie am besten lernen können. Dabei helfen Strategien und ihre bewusste Nutzung. Die Kinder sollten wissen, wie sie in einzelnen Bereichen vorgehen können: Malaufgaben muss man auswendig lernen, Sachaufgaben sich vorstellen, sich beim schriftlichen Rechnen genau konzentrieren … Auch den Zeitpunkt, wann am besten gelernt wird, und ein optimales Umfeld sollten die Schüler*innen bewusst gestalten, z. B. keine Ablenkung, kein Fernseher, ein aufgeräumter Arbeitstisch …

Zudem sollte das Kind sich selber beim Lernen überwachen. Dazu braucht es am Anfang die Hilfe der Lehrkraft und der Eltern. Erst dann lernt es, sich selber zu motivieren, seine Gedanken auf den Lerninhalt zu lenken und sich noch mehr anzustrengen. Das eigene Handeln sollte überdacht und angepasst werden.

9.5 MOTIVATION STEIGERN

Die Motivation ist eine wichtige Helferin. Wenn ein Kind motiviert ist, kann es über sich selbst hinauswachsen. Dabei hilft es, die Stärken und Ressourcen der Kinder zu aktivieren, das Selbstvertrauen zu stärken und zu loben. Sind die Schüler*innen motiviert, sind sie auch bereit, sich sehr viel mehr anzustrengen.

Lerninhalte können abwechslungsreich und spannend organisiert werden. Orientieren Sie sich bei Themen der Sachaufgaben an den Interessen Ihrer Schüler*innen. Spiele können sehr motivierend sein, vor allem, wenn alle dabei Erfolge erzielen können. Das Klassenklima spielt ebenfalls eine große Rolle. Wenn sich ein Kind in der Gruppe akzeptiert fühlt, stärkt das sein Wohlbefinden und seine Motivation.

In die Förderung sollten auch immer Übungen einfließen, die die Schüler*innen gut beherrschen, um sie zu motivieren. Nach der Förderung sollte das Kind gelobt werden, so dass es das Gefühl hat, etwas erreicht zu haben.

9.6 WIE KÖNNEN SIE ALS LEHRKRAFT DAS LERNEN BEEINFLUSSEN?

Folgende acht Tipps sollten Sie stets in Ihrem Unterricht berücksichtigen, damit das Lernklima so positiv ist wie möglich. Nutzen Sie die Checkliste und prüfen Sie von Zeit zu Zeit, ob und wie Sie die Hinweise im Unterricht anwenden.

Kopiervorlage Positives Klassenklima (1)

Name: Klasse: Datum:

Tipp	Wende ich oft an	Wende ich ab und zu an	Wende ich wenig an
1. Für ein positives Klima in der Klasse können Sie gemeinsam mit den Schüler*innen **Klassenregeln** ausarbeiten.			
2. Bleiben Sie allen Schüler*innen gegenüber **achtsam**, damit Sie merken, wenn es einem Kind nicht gut geht und es Hilfe braucht. So zeigen Sie dem Kind, dass es gesehen wird.			
3. Sie sollten für jede Art von **Mobbing** sensibel sein und diese sofort im Keim ersticken.			
4. Bevorzugen Sie **Spiele zur Stärkung des Miteinanders**. In der Klasse dürfen keine Spiele stattfinden, bei denen ein Kind gedemütigt wird (auch nicht wegen seiner mathematischen Schwierigkeiten).			
5. **Bereiten** Sie Ihren Unterricht **gut vor**, achten Sie auf eine stringente Struktur und arbeiten Sie differenziert. Passen Sie den Lerninhalt an die Fähigkeiten Ihrer Schüler*innen an.			

Kopiervorlage Positives Klassenklima (2)

Name:	Klasse:	Datum:

Tipp	Wende ich oft an	Wende ich ab und zu an	Wende ich wenig an
6. Die **Hausaufgaben** sollten die Fähigkeiten der Schüler*innen nicht überschreiten. Legen Sie das Pensum so an, dass die Kinder Wiederholungen machen können und ihnen noch freie Zeit für andere Aktivitäten und Freunde bleibt.			
7. Achtung! Nicht zu viele verschiedene **Methoden** benutzen. Die Schüler*innen brauchen Zeit, um eine Methode zu erlernen, und kommen schnell durcheinander. Auch zu Hause sollten keine anderen Methoden und Materialien benutzt werden als in der Schule. (Beispiel: In der Schule arbeitet ein Kind mit Zahlenplättchen, zu Hause benutzt es einen Abakus oder einen Rechenrahmen.)			
8. Vertrauen Sie auf Ihre Fähigkeiten als Lehrkraft! Es braucht Zeit und Geduld, aber **Sie sind ein guter Lehrer bzw. eine gute Lehrerin!**			

Notizen: ______________________________

____

____

____

Literaturverzeichnis

Atkinson, R. C./Schiffrin, R. M. (1968): Human Memory: A proosed system and its control processes.

Baddley, A. D. (1996): Exploring the central executive. The Quarterly Journal of Experimental Psychology, 49, 5–28 (1996)

Born, Armin/Oehler, Claudia (2011): Kinder mit Rechenschwäche erfolgreich fördern. Stuttgart: Kohlhammer

Born, Armin/Oehler, Claudia (2012): Lernen mit ADS-Kindern. Stuttgart: Kohlhammer

Cohen, L. (1995): Toward an anatomical and functional model of number processing. Mathematical Cognition 1, 83–120

Dehaene, Stanislas (1992): Varieties of numerical abilities. Cognition 44, 1–42

Dehaene, Stanislas (1999): Der Zahlensinn oder warum wir rechnen können. Basel: Birkhäuser

Einsiedler, Wolfgang/Götz, Margarete/Hartinger, Andreas/Heinzel, Friederike/Kahlert, Joachim/Sandfuchs, Uwe (2014): Handbuch der Grundschulpädagogik und Grundschuldidaktik. Bad Heilbrunn: Klinkhardt UTB

Fritz, Annemarie/Schmidt, Siegbert/Ricken, Gabi (2017): Handbuch Rechenschwäche. Weinheim: Beltz

Gaidoschik, Michael (2012): Rechenschwäche verstehen – Kinder gezielt fördern. Hamburg: Persen

Gold, Andreas (2011): Lernschwierigkeiten. Stuttgart: Kohlhammer

Hasselhorn, Marcus/Zoelch, Christof (2012): Funktionsdiagnostik des Arbeitsgedächtnisses. Göttingen: Hogrefe

Kabat vel Job, Otmar: Studienbrief Modul 11 Wirkprinzipien lerntherapeutischer Interventionen. Technische Universität Chemnitz

Kabat vel Job, Otmar: Studienbrief Modul 7 Determinanten der Schulleistung. Technische Universität Chemnitz

Landerl, Karin/Kaufmann, Liane (2008): Dyskalkulie. München: Reinhardt

Lauth, Gerhard W./Grünke, Matthias/Brunstein, Joachim C. (2004): Interventionen bei Lernstörungen. Göttingen: Hogrefe

Lauth, Gerhard W./Schlottke, Peter F. (2009): Training mit aufmerksamkeitsgestörten Kindern. Weinheim: Beltz

Logie, R. H. (1995): Viso-spatial working memory. Howe: Lawrence Erlbaum

Lorenz, Jens Holger (2012): Kinder begreifen Mathematik. Stuttgart: Kohlhammer

Schneider, Wolfgang/Küspert, Petra/Krajewski, Kristin (2013): Die Entwicklung mathematischer Kompetenzen. Paderborn: Schöningh

Werner, Birgit (2009): Dyskalkulie – Rechenschwierigkeiten. Stuttgart: Kohlhammer

Zimmer, Renate (1995): Handbuch der Sinneswahrnehmung. Freiburg: Herder

Zeitschriften:

Gallit/Wyschon/Poltz/Moraske/Kucian/Von Aster/Esser: *Henne oder Ei: Reziprozität mathematischer Vorläufer und Vorhersage des Rechnens.* In: Lernen und Lernstörungen, 7. Jahrgang, Heft 2/2018

Schulz/Wyschkon/Gallit/Poltz u. a.: *Rechenprobleme von Grundschulkindern: Persistenz und Schulerfolg nach fünf Jahren.* In: Lernen und Lernstörungen, 7. Jahrgang, Heft 2/2018